Introduction
à l'économie

Jacques Généreux

Introduction à l'économie

Troisième édition mise à jour

Éditions du Seuil

COLLECTION DIRIGÉE PAR JACQUES GÉNÉREUX

ISBN 978-2-7578-4215-7
(ISBN 978-2-02-013497-2, 1re publication)

1

Introduction à l'analyse économique

Cet ouvrage s'adresse au lycéen ou à l'étudiant qui aborde l'étude de l'économie pour la première fois, comme à l'adulte qui veut simplement mieux comprendre les phénomènes et les problèmes économiques. La lecture de ce livre ne suppose aucune connaissance préalable du langage ou des techniques de l'analyse économique. En revanche, elle suppose que le lecteur accepte, dès les premières pages, d'oublier sa façon habituelle de raisonner et d'envisager le monde qui l'entoure pour adopter le point de vue particulier de l'économiste. Dans ce chapitre d'introduction, nous tâcherons de découvrir quelques traits essentiels de ce « point de vue particulier ». Nous préciserons d'abord ce qu'est l'économie et quel est le champ couvert par cet ouvrage. Nous insisterons ensuite sur quelques caractéristiques fondamentales du raisonnement économique.

1. QU'EST-CE QUE L'ÉCONOMIE ?

Le problème de la définition de l'économie illustre bien une attitude fréquente chez les économistes : ils donnent l'impression de n'être jamais d'accord même si, en fait, 90 % d'entre eux font exactement la même chose. Il est vrai que la question est moins simple qu'elle ne paraît à première vue.

Un objet introuvable ?

Quand le profane ou le débutant dans une discipline quelconque cherche à définir l'objet de cette dernière, son réflexe naturel consiste à dresser la liste des sujets dont elle s'occupe. Ainsi, l'économie étudierait, par exemple, la production, les échanges, la monnaie, le chômage, la richesse, l'inflation, etc. Les économistes eux-mêmes ont d'ailleurs commencé par définir leur travail par un domaine concret. D'Aristote (IVe siècle av. J.-C.) à Adam Smith (1766), la plupart des définitions font de l'économie une *science de l'acquisition des richesses* pour l'individu ou pour la nation. Le XIXe opposera la vision marxiste de l'économie comme *science de l'évolution historique des rapports de production entre les classes* à la vision libérale comme *théorie des choix individuels et de leur coordination par les marchés.*

Aujourd'hui cependant, tout le monde s'accorde, économistes et philosophes, pour admettre que l'on ne peut définir l'objet de l'analyse économique par un sujet ou une liste de sujets concrets. En effet, *les phénomènes strictement économiques n'existent pas.* On ne peut extraire du réel une partie « économique » qui serait indépendante des parties « psychologique », « politique » ou « sociale ». L'inflation, par exemple, met en jeu des mécanismes économiques, psychologiques et politiques, et intéresse donc tout autant l'économiste que le psychologue, le politologue ou le sociologue.

La spécificité d'une discipline ne peut donc être recherchée dans le domaine concret de son étude, mais dans *la façon dont elle mène son étude.* Le problème vient alors de ce que les économistes ne sont pas toujours d'accord sur leurs méthodes de raisonnement, si bien qu'il devient difficile de proposer une définition de l'économie acceptable par tous.

Une définition simple

Rassurons tout de suite le lecteur, nous arrêterons là le débat méthodologique. Il ne commence à présenter quelque intérêt qu'après de longues années d'études économiques.

Mais surtout, l'essentiel du contenu actuel de l'analyse économique correspond assez bien à la définition très simple qui ouvre les trois quarts des manuels d'économie :

L'économie étudie la façon dont les individus ou les sociétés utilisent les ressources rares en vue de satisfaire au mieux leurs besoins.

Cette définition met en avant deux aspects fondamentaux :

1. L'économie constitue *une façon particulière de considérer les comportements humains* : les individus ou les groupes d'individus agissent parce qu'ils ont des besoins à satisfaire et que cela ne va pas de soi dans un univers où les moyens disponibles sont limités.

2. L'analyse est à la fois *microéconomique* (étude des comportements individuels) et *macroéconomique* (étude des phénomènes de société).

Ainsi définie, l'économie n'est pas enfermée dans un domaine réservé. De même que les autres disciplines (sociologie et sciences politiques notamment) sont également concernées par les sujets qu'étudie l'économiste, l'économie peut aborder des phénomènes que le sens commun ne reconnaît pas comme économiques : la religion, la famille, la délinquance, la politique, etc. En effet, *tous les comportements humains* peuvent être examinés *d'un point de vue économique*, c'est-à-dire comme la mise en œuvre raisonnée de moyens par des individus qui cherchent à atteindre leurs objectifs.

La définition présentée ci-dessus permet en outre de comprendre *le point de départ* de la plupart des théories économiques. Face à un problème quelconque, l'économiste commence presque toujours par se demander :

1°) Qui sont les *décideurs* – les individus ou les groupes d'individus qui font les choix déterminants ?

2°) Quels sont les *objectifs* des décideurs (leurs « besoins ») ?

3°) Quels sont les *moyens disponibles* et les *contraintes* (« les ressources rares ») ?

4°) Quelle est la *solution optimale*, c'est-à-dire celle qui permet d'atteindre le maximum de satisfaction pour le minimum de ressources utilisées ?

Bien entendu, même si 90 % des économistes raisonnent ainsi dans 90 % des cas, la plupart estimeront que la définition présentée ci-dessus – et éventuellement dans leur propre manuel – est simpliste et ne rend pas justice à la richesse des méthodes de l'économie et du débat qu'elles suscitent. Disons que, du lundi au vendredi, la plupart des économistes raisonnent à peu près comme nous venons de le décrire, et que, le week-end, prenant le temps de réfléchir sur la nature de leur travail, ils réalisent qu'il est impossible de le définir de façon aussi sommaire. Compte tenu de l'objectif de cet ouvrage, nous nous contenterons d'essayer de comprendre ce que les économistes font durant la semaine, et nous ferons grâce au lecteur du week-end, dont il aura sans doute besoin pour se reposer.

Plan de l'ouvrage

Nous commencerons par nous poser les questions présentées ci-dessus à propos de chaque type de comportement. Autrement dit, il s'agit d'abord de savoir *qui fait quoi* dans l'économie (chapitre 2). La première étape consiste en effet à identifier les différents « agents » de l'économie (les décideurs), à analyser leurs objectifs et leurs contraintes pour déterminer leurs comportements.

La question suivante est de savoir comment des millions de décisions prises de façon indépendante par des agents indépendants peuvent bien être compatibles entre elles et ne pas déboucher sur un chaos généralisé ? Autrement dit : *comment ça marche* (chapitre 3) ?

Les agents qui ont quelque chose à offrir ou à vendre rencontrent ceux qui ont quelque chose à demander ou à acheter sur les différents marchés (marchés financiers, marchés des biens, marché du travail). Nous verrons alors dans quelle mesure les lois du marché permettent, avec un bonheur inégal selon les cas, d'assurer la coordination des choix individuels. Ici, deux logiques s'affrontent : la *logique libérale,* qui fait confiance au libre jeu de la loi de l'offre et de la demande pour assurer automatiquement l'équilibre de tous les marchés ; la *logique keynésienne,* qui estime au contraire que des déséquilibres durables peuvent s'installer sur le marché du travail et sur le marché des biens et services. Cela nous conduira naturellement à étudier les problèmes qui peuvent apparaître au niveau de l'économie nationale : récession, inflation, chômage et équilibre des échanges extérieurs (chapitre 4).

Cet ouvrage se contente d'expliciter les grands mécanismes, les principaux résultats de l'analyse économique et les causes de différents problèmes économiques. Il doit permettre de comprendre dans quelle mesure une intervention de la politique économique paraît nécessaire ou non, mais il ne traite pas directement des instruments et des stratégies que les pouvoirs publics sont susceptibles de mettre en œuvre. Ces questions sont l'objet de notre prochain ouvrage, dans la même collection : *Introduction à la politique économique*.

2. QUELQUES CARACTÉRISTIQUES DU RAISONNEMENT ÉCONOMIQUE

La théorie est abstraite

Au premier contact avec l'analyse économique, on est sans cesse tenté d'objecter que, dans le monde réel, les choses ne se passent pas toujours comme dans la théorie. Mais ce reproche est souvent déplacé. En effet, par définition, aucune théorie n'est réaliste. L'analyse théorique ne cherche pas à simplement décrire la réalité : ce n'est pas un reportage ! Toute théorie procède par abstraction. Il s'agit en effet de disposer d'un modèle suffisamment simple pour être maniable. Or, la simplicité n'est pas de ce monde ; la réalité est complexe, et c'est précisément cette complexité qui rend nécessaire l'abstraction théorique pour construire une interprétation intelligible du monde. Cela dit, il ne suffit pas d'un raisonnement abstrait parfaitement logique pour constituer une théorie scientifique ; celui-ci doit en outre être confronté aux faits. Mais ce sont les conclusions de la théorie qui sont soumises à l'épreuve des faits et non ses hypothèses de départ. Par exemple, on construit la théorie de la production à partir d'une hypothèse très simple : les dirigeants des entreprises cherchent à maximiser leur profit. Comme nous le verrons, cette hypothèse n'est pas toujours réaliste ; il existe chez les dirigeants bien d'autres motivations que le profit. Mais le problème de l'économiste n'est pas de savoir ce qui se passe dans la tête des dirigeants ; il cherche seulement à construire un modèle du comportement des entreprises qui lui permette d'expliquer correctement leurs décisions. Si ce modèle permet d'expliquer correctement la façon dont la production réagira à une modification du SMIC, de la TVA ou des taux d'intérêt, il sera retenu, quel que soit le degré de réalisme ou d'irréalisme de ces hypothèses.

On raisonne toutes choses étant égales par ailleurs

Le travail de l'analyse économique consiste le plus souvent à déterminer les variables qui expliquent une autre variable. Par exemple, on dira que la consommation de pêches dépend du prix des pêches, du prix des autres fruits, du revenu des consommateurs, du niveau général des prix, de la température de l'atmosphère, etc. Par ailleurs, on dira également que la consommation de pêches est une fonction décroissante de leur prix, c'est-à-dire que lorsque le prix des pêches augmente, leur consommation régresse. Ces deux propositions ne sont pas contradictoires. La seconde proposition est faite *toutes choses étant égales par ailleurs,* c'est-à-dire en supposant que toutes les autres variables susceptibles d'influencer la consommation des pêches n'ont pas varié. Ainsi, le fait d'observer simultanément une hausse des prix et une augmentation de la consommation ne contredit pas forcément la loi selon laquelle la demande est une fonction décroissante du prix. En effet, cette loi ne dit pas que la demande de pêches doit baisser quoi qu'il advienne par ailleurs. Le revenu, le prix des autres biens, le niveau général des prix, la température, etc., ont très bien pu varier et compenser l'effet du seul prix des pêches. A chaque fois que l'économiste annonce l'effet prévu d'une variable sur une autre, il faut toujours sous-entendre que cette prévision est faite *toutes choses étant égales par ailleurs*. Dès lors, le fait de mettre en avant l'effet d'une variable explicative ne suppose pas, dans l'esprit de l'économiste, qu'il s'agisse de la seule explication possible. Ainsi, pour prendre un autre exemple, en disant que l'investissement est une fonction décroissante du taux d'intérêt, l'économiste n'affirme pas que seul le taux d'intérêt agit sur l'investissement ; il dit simplement que si l'on maintient constantes toutes les autres variables susceptibles d'agir sur les décisions d'investissement, une hausse du taux d'intérêt déprimera l'investissement. Ce genre d'affirmation est une *prédiction* économique. La théorie économique ne permet pas de prévoir l'évolution des variables économiques. Elle ne fait que prédire l'effet de certaines variables sur d'autres, dans certaines conditions et toutes choses étant égales par ailleurs. Seulement voilà : dans le monde réel, les choses ne restent pas égales par ailleurs. Même si la théorie prédit parfaitement l'effet indépendant de chaque variable explicative, personne ne sait à l'avance comment évolueront ces variables.

Analyse positive et analyse normative

Chacun a ses idées, ses opinions politiques, ses valeurs morales. Dans toute discussion entre plusieurs individus se trouvent le plus souvent mêlés informations objectives, préférences personnelles, raisonnements théoriques, principes moraux. Cependant, quand on souhaite procéder à l'analyse rigoureuse d'un phénomène, il convient de ne pas mélanger les genres et de distinguer, d'une part, *l'analyse positive,* qui cherche à expliquer *le monde tel qu'il est,* et d'autre part, *l'analyse normative,* qui tente de définir comment *le monde devrait être.*

Seule l'approche positive permet d'adopter une démarche scientifique en économie. La théorie ne porte alors aucun jugement de valeur, ne part d'aucun *a priori* moral ou philosophique, et se contente d'émettre des hypothèses pour expliquer les phénomènes. Si les faits contredisent les conclusions de la théorie, cette dernière est rejetée. Dans cette démarche, il n'y a jamais d'idées justes ou fausses en soi ; il n'y a que des hypothèses « qui marchent » et d'autres « qui ne marchent pas ».

La distinction entre les deux démarches est particulièrement importante pour les problèmes de politique économique. Ainsi, l'analyse positive peut expliquer les effets probables des différentes politiques de lutte contre le chômage ou l'inflation, mais elle ne peut pas dire s'il faut ou non lutter contre ces phénomènes ni lequel des deux objectifs doit être prioritaire. L'analyse normative, en revanche, définit quels sont les *bons objectifs* et les priorités souhaitables pour la société. Mais les conclusions de l'analyse normative s'appuient sur des jugements de valeur, que tout individu peut partager ou non, et qui ne peuvent être, à la différence des propositions scientifiques, soumis à l'épreuve des faits.

En tant que discipline scientifique visant à comprendre le monde et son évolution, la théorie économique est essentiellement positive. Cela ne doit pas empêcher les économistes d'utiliser leurs théories à des fins normatives pour donner *leur opinion* sur les différents choix auxquels se trouve confrontée la société. Mais il convient de ne pas faire passer pour résultat d'un travail scientifique ce qui n'est que la conséquence d'un jugement de valeur personnel.

La distinction entre l'approche normative et l'approche positive est aussi parfois assez nette. Il est des économistes qui font leur travail avec la curiosité à la fois méticuleuse et détachée d'un botaniste à l'égard des plantes ou d'un astrophysicien envers les étoiles. Il en est d'autres qui pratiquent une économie militante et espèrent que l'écume de leurs travaux changera la vague de l'Histoire. Espérons seulement que la lecture de ce livre donnera à quelques-uns le goût d'aller plus avant dans l'exploration de l'économie, chacun à sa manière, tendance botaniste ou tendance militante.

Les écoles de pensée

L'analyse des différentes « doctrines » économiques n'a d'intérêt véritable que pour l'histoire de la pensée économique et cela ne constitue pas l'objet de notre ouvrage. Les lecteurs intéressés par cet aspect pourront se reporter au livre que Jean-Marie Albertini et Ahmed Silem lui ont consacré dans cette même collection (*Comprendre les théories économiques*, Seuil, coll. « Points Économie », 2e éd. à paraître en 2001). De plus, un livre d'introduction comporte nécessairement un grand nombre de résultats fondamentaux sur lesquels toutes les écoles sont d'accord. Pour la compréhension de ce qui suit, le lecteur peut considérer qu'il n'existe dans l'analyse économique orthodoxe que deux grands courants, classique et keynésien.

Le courant *classique* fait confiance au mécanisme des prix pour maintenir tous les marchés en équilibre, même à la suite de chocs susceptibles d'entraîner chômage, récession, inflation ou déséquilibre des échanges extérieurs. En conséquence, l'intervention de l'État n'est pas nécessaire ; le courant classique est donc *libéral*. Historiquement, ce courant recouvre différentes écoles auxquelles nous serons amenés à faire allusion : les économistes *classiques* des XVIIIe et XIXe siècles, les *néoclassiques* (de la fin du XIXe à nos jours), les *monétaristes* et les *nouveaux-classiques*.

Le courant *keynésien* estime au contraire que le mécanisme des prix est insuffisant pour absorber les chocs auxquels sont confrontés les différents marchés. L'économie de marché laissée à elle-même peut donc connaître des déséquilibres durables et l'intervention de l'État apparaît nécessaire ; le courant keynésien est *interventionniste*.

Le volume de l'ouvrage et l'objectif de première initiation poursuivi ici nous ont conduit à ne pas traiter les développements de la théorie économique hors des courants orthodoxes dominants. Il n'en reste pas moins que l'analyse de Karl Marx fondée sur une critique radicale de l'économie politique classique constitue un apport précieux et fondateur de nombreuses recherches ultérieures que le lecteur pourra découvrir dans l'ouvrage de J. Albertini et A. Silem cité plus haut. Il en va de même pour les nombreuses branches de l'économie dite « hétérodoxe » (institutionnalisme, régulation, socio-économie, etc.).

Dans cet ouvrage, nous n'attachons guère d'importance aux écoles de pensée, parce que notre but ici n'est pas de savoir qui a raison, mais seulement de comprendre le monde. Dans cette optique, toutes les écoles de pensée apportent leur contribution et toutes sont donc également intéressantes. De plus, il faut savoir que les trois quarts des économistes contemporains considèrent que l'approche classique décrit assez bien les tendances à l'œuvre dans le long terme et que l'approche keynésienne analyse mieux certains problèmes qui se posent à court terme. Toute la question est de savoir combien de temps dure le court terme, mais c'est une question empirique qui donne lieu à un débat empirique et non à un débat doctrinal.

Les clivages doctrinaux sont souvent plus superficiels que réels. Certes, les économistes peuvent être en désaccord sur le plan politique, mais cela tient à des divergences idéologiques (analyse normative) et non à des divergences scientifiques (analyse positive). Dans leur travail d'économiste, ils utilisent le plus souvent les mêmes outils de raisonnement et les mêmes techniques statistiques. Ils sont d'accord sur 90 % des résultats de l'analyse économique. Mais, bien entendu, le débat ne porte pas sur les éléments reconnus par tous, mais sur les 10 % qui posent encore des problèmes.

Pour une « économie humaine »

Pour finir, en ces temps où les « lois de l'économie » peuvent souvent paraître inhumaines aux yeux de nos contemporains, il n'est pas superflu de souligner que la sécheresse inévitable des outils techniques qui sont proposés ici ne doivent pas faire oublier ce qui constitue selon nous la finalité humaniste de l'économie .

La seule finalité légitime de l'économie est en effet le bien-être des hommes, à commencer par celui des plus démunis. Et, par bien-être, il faut entendre la satisfaction de *tous les besoins* des hommes ; pas seulement ceux que comblent les consommations marchandes, mais aussi l'ensemble des aspirations qui échappent à toute évaluation monétaire : la dignité, la paix, la sécurité, la liberté, l'éducation , la santé, le loisir, la qualité de l'environnement, le bien-être des générations futures, etc.

Corollaires de cette finalité, les méthodes de l'économie humaine ne peuvent que s'écarter de l'économisme et du scientisme de l'économie mathématique qui a joué un rôle central au XXe siècle. L'économie humaine est l'économie d'un *homme complet* (dont l'individu maximisateur de valeurs marchandes sous contrainte n'est qu'une caricature), d'un homme qui inscrit son action dans le temps (et donc l'histoire), sur un territoire, dans un environnement familial, social, culturel et politique ; l'économie d'un homme animé par des valeurs et qui ne résout pas tout par le calcul ou l'échange, mais aussi par l'habitude, le don, la coopération, les règles morales, les conventions sociales, le droit, les institutions politiques, etc.

L'économie humaine est donc une économie historique, politique, sociale, et écologique. Elle ne dédaigne pas l'usage des mathématiques comme un langage utile à la rigueur d'un raisonnement, mais refuse de cantonner son discours aux seuls cas où ce langage est possible. Au lieu d'évacuer la complexité des sociétés humaines (qui ne se met pas toujours en équations), l'économie humaine s'efforce de tenir un discours rigoureux intégrant la complexité, elle préfère la pertinence à la formalisation, elle revendique le statut de *science humaine*, parmi les autres sciences humaines, et tourne le dos à la prétention stérile d'énoncer des lois de la nature à l'instar des sciences physiques.

Le projet de l'économie humaine est un projet ancien, tant il est vrai que nombre des fondateurs de la science économique ont pensé celle-ci comme une science historique, une science sociale, une science morale ou encore psychologique. Mais ce projet est aussi un projet contemporain qui constitue le dénominateur commun de bien des approches (post-keynésiens, institutionnalistes, régulation, socioéconomie, etc.) et de nombreuses recherches (en économie du développement, de l'environnement, de la santé, des institutions ; en économie sociale, etc.).

Aussi, sans dénigrer la pertinence et l'utilité des outils élémentaires de l'analyse économique exposés dans cet ouvrage, nous tenons néanmoins à souligner qu'ils ne constituent qu'une entrée en matière pour la compréhension d'une clé de lecture du monde parmi d'autres. Loin de la tentation impérialiste de certains de nos collègues, nous espérons qu'une initiation à l'analyse économique servira aussi de stimulant à la recherche d'autres clés de lecture : clés historiques, sociologiques, psychologiques ou philosophiques.

2

Qui fait quoi ?

Les agents économiques et leurs comportements

1. LES AGENTS ÉCONOMIQUES

Notre propos vise ici à donner rapidement une vision d'ensemble sur les acteurs de la vie économique et leurs fonctions. Nous commencerons donc par des définitions très générales, mais les sections suivantes apporteront les précisions nécessaires sur chaque groupe d'agents économiques.

A. Définitions

a) Qu'est-ce qu'un « agent économique » ?

On entend par « agent économique » un individu ou un groupe d'individus constituant un centre de décision économique indépendant. Chaque individu et chaque organisation composant une société est donc un « agent économique ». Toutefois, l'analyse économique regroupe tous ces centres de décision en quelques catégories seulement, selon leurs activités économiques principales. Cette attitude correspond d'abord à une simplification abstraite mais nécessaire. Le discours théorique ne peut considérer simultanément des millions de centres de décision autonomes. Il doit faire *comme si* il n'existait que quatre ou cinq types d'agents différents, et considérer que tous les individus composant chacune de ces grandes catégories ont un comportement identique. De plus, la réalisation des comptes de la Nation rend nécessaire le regroupement des milliards d'opérations économiques individuelles réalisées dans l'année dans des catégories économiquement significatives et relativement simples à manier. Mais cette simplification nécessaire du discours théorique et de la représentation statistique ne constitue pas une pure abstraction. Dans la réalité, en effet, *tout le monde ne fait pas tout*. Il existe une certaine *division du travail* entre les agents. Dans une économie développée, la plupart des agents ne produisent pas eux-mêmes les biens ou les services nécessaires à la satisfaction de leurs besoins. Ils ont tendance à se *spécialiser* dans les productions pour lesquelles ils sont les plus efficaces. Grâce aux revenus acquis dans leurs activités respectives, ils obtiennent ensuite les autres biens. Dans leur activité productive, certains agents louent leur force de travail, d'autres apportent leur fortune, certains jouent le rôle d'entrepreneur. Il existe aussi une division du travail assez marquée entre certains secteurs d'activité. Il en va ainsi en particulier entre les services financiers et les autres productions. De même, certains services sont fournis gratuitement et d'autres sont vendus. Ainsi, dans le monde réel, la plupart des individus appartiennent à des groupes relativement distincts quant à la nature de leur activité. Il est donc possible de regrouper les différents agents selon leurs fonctions économiques principales.

b) Les agents dans la comptabilité nationale

Les comptes de la nation regroupent les agents en six secteurs institutionnels : les ménages, les sociétés non financières, les sociétés financières, les administrations publiques, les institutions sans but lucratif au service des ménages et le reste du monde.

• ***Les ménages***

Un ménage est constitué par tout individu ou tout groupe d'individus vivant sous un même toit. Ainsi, un célibataire vivant seul est un ménage au même titre qu'un couple marié ou une famille nombreuse. On peut aussi considérer une caserne de pompiers ou un monastère comme des ménages. Ce qui importe, en effet, n'est pas le nombre de personnes composant un ménage, mais l'unité du centre de décision économique (le chef de famille, le supérieur du monastère, le commandant de la caserne).

Les fonctions économiques principales des ménages consistent à fournir des *facteurs de production* (force de travail et capitaux) aux autres agents, et à utiliser les revenus de ces facteurs pour la consommation ou l'épargne. Notons que cette catégorie est la seule qui concerne tous les membres d'une société. Toute personne constitue ou appartient à un ménage, quelles que soient par ailleurs ses autres fonctions (banquier, entrepreneur, chef de l'État…).

• ***Les sociétés non financières***

Les sociétés non financières regroupent toutes les organisations dont l'activité principale consiste à *produire des biens ou des services non financiers marchands*.

Les *biens* sont des produits matériels (le pain, l'acier, etc.). Les *services* sont des produits immatériels (un cours d'économie, une séance de psychothérapie, le transport d'une marchandise, etc.).Une activité est *marchande* si les produits sont destinés à la vente.

Signalons que, par commodité de langage, l'économiste emploie souvent le terme de « biens » pour désigner à la fois les biens et les services.

• ***Les sociétés financières***

Les institutions financières regroupent les organisations qui produisent des services financiers et d'assurance. Elles comprennent les banques et les autres établissements de crédit, les caisses d'épargne, les organismes de placement collectif en valeurs mobilières (Sicav, fonds communs de placement), la banque centrale et le Trésor public.

Les services financiers consistent à assurer l'émission, la collecte, la circulation et les échanges des différents instruments de paiement, de placement et de financement (monnaie, devises, actions, obligations, bons du Trésor, crédits, etc.).

La fonction principale des institutions financières consiste donc à assurer le financement de l'économie, ce qui recouvre en fait trois fonctions :

– un rôle d'*intermédiaire* entre les agents disposant de *capacités de financement* et les agents ayant des *besoins de financement* ;

– un rôle de *transformation* de l'épargne des ménages, souvent disponible à *court terme*, en ressources disponibles à *long terme* pour les entreprises ;

– un rôle de *création de la monnaie* nécessaire au fonctionnement de l'économie.

• ***Les administrations publiques***

Les administrations publiques regroupent toutes les organisations dont l'activité principale consiste à produire des *services non marchands* ou à redistribier le revenu et les richesses nationales.

Les *administrations publiques* sont principalement financées par des *prélèvements obligatoires* (taxes, impôts et cotisations sociales). Elles comprennent les administrations centrales (État, sécurité sociale) et les administrations locales (commune, département, région). Par la suite, pour simplifier, nous parlerons de l'État comme d'un agent regroupant l'ensemble des administrations publiques.

• ***Les institutions sans but lucratif de service aux ménages***

Dans les comptes de la nation, cette dénomination a remplacé depuis 1999 les « administrations privées ». Il s'agit des organisations dont la fonction principale consiste à fournir des services non marchands aux ménages et qui sont pour l'essentiel financées par des dons et cotisations volontaires. Concrètement, cela recouvre une grande partie des associations, les églises, les partis politiques et les syndicats.

• ***Un agent fictif : le reste du monde***

Enfin, pour retracer l'ensemble des opérations des agents économiques d'un pays avec l'étranger, on imagine un agent « reste du monde ». Cet agent regroupe en fait les ménages, les entreprises, les administrations et les institutions financières *non-résidents* qui effectuent des opérations avec des *agents résidents*. Un agent est considéré comme résident s'il exerce une activité sur le territoire national pendant au moins un an. Ainsi, un touriste anglais de passage pour une semaine à Paris est non-résident, mais une entreprise allemande ou un travailleur immigré installés en France sont des agents résidents. Inversement, un Français travaillant à l'étranger est un non-résident (du point de vue de l'économie française).

B. La vision économique des comportements

Dans les sections suivantes, nous reviendrons en détail sur les comportements des différents agents. Avant cela cependant, nous soulignerons quelques hypothèses et concepts fondamentaux qui sont communs à l'analyse économique de tous les comportements :

1. La diversité des agents économiques ne doit pas masquer leur finalité commune : la production de biens et de services en vue de satisfaire des besoins.
2. Tous les choix économiques reflètent les décisions d'individus rationnels, c'est-à-dire qui recherchent le maximum de satisfaction.
3. Les besoins des individus sont stables, et seule l'évolution des contraintes explique les changements de comportement.

a) Tous les agents produisent

Tous les agents n'ont pas toujours été considérés comme *productifs*. Il n'est pas nécessaire de remonter très loin dans notre histoire pour trouver des traces du mépris longtemps nourri à l'égard des commerçants ou des financiers. Des siècles durant, la morale a réprouvé le fait de vendre une marchandise plus cher qu'on ne l'a payée ou bien d'exiger un intérêt sur un prêt d'argent, au même titre que le vol. Banquiers et marchands, tout comme les saltimbanques, furent souvent considérés comme des parasites vivant « aux crochets des autres » (essentiellement des paysans).

Longtemps, les économistes eux-mêmes ont adopté une vision restrictive du concept de production. Les *physiocrates* (école française de la fin du XVIIIe siècle) considéraient que seule l'agriculture était productive ; les autres activités ne contribuaient qu'à faire circuler et à redistribuer un revenu tout entier tiré des produits de la terre. Jusqu'à la fin du

XVIIIe siècle, la plupart des économistes n'intégraient pas les services dans la production, qui ne recouvrait donc que des produits matériels. Tout au plus admettait-on comme productifs certains services directement liés à la distribution des biens matériels (commerce et transports). Les services seront ensuite progressivement intégrés au concept de production, mais de façon d'abord limitée aux services marchands.

Il faut attendre les années 1870 pour que le concept de production connaisse une extension décisive et recouvre son sens moderne. La production comprend désormais toute *activité qui consiste à utiliser des ressources en vue de satisfaire directement ou indirectement un besoin.* Or, l'économiste considère les besoins comme parfaitement individuels et subjectifs : constitue un besoin tout ce qu'un individu au moins considère comme tel. Le débat sur *les vrais et les faux besoins* concerne le philosophe ou le moraliste mais pas l'analyse scientifique. Ainsi, toute activité est productive, puisque sa seule existence suppose qu'au moins un individu en retire une satisfaction. Pour l'économiste, la production inclut donc tous les produits matériels, mais aussi tous les produits immatériels, qu'ils soient marchands ou non marchands.

Dès lors, tous les agents décrits plus haut sont producteurs. Cela va de soi pour les entreprises, les institutions financières et les administrations, que nous avons définies par leur production, mais c'est également le cas des ménages. Les ménages produisent des services domestiques (activités ménagères, cuisine, éducation, bricolage) ; ils *produisent* également des satisfactions par toutes sortes d'activités que le langage courant ne rangerait pas sous le label « production » (promenades, méditation, réunions familiales, etc.).

Bien entendu, la définition économique de la production dépasse largement ce que les statistiques sont en mesure d'enregistrer. En effet, on ne peut compter dans les statistiques de production que les activités pour lesquelles on peut identifier une valeur monétaire. En conséquence, dans les statistiques officielles de l'économie nationale (la *comptabilité nationale*), la production inclut les biens et services marchands et les biens et services non marchands évalués par leurs coûts de production. Ainsi, par exemple, la valeur de la production annuelle de défense nationale est mesurée par les coûts de fonctionnement du service de défense nationale. Une telle mesure s'écarte bien sûr du concept théorique de production. Elle exclut les services produits par du travail non rémunéré : services domestiques produits par les ménages et services produits par les travailleurs bénévoles, notamment au sein des associations privées (syndicats de travailleurs, organisations de charité, etc.). En outre, rien ne garantit qu'une augmentation du coût de fonctionnement des services publics indique une amélioration du service effectivement rendu.

Notre propos étant essentiellement théorique, nous ne serons pas vraiment gênés par les limites inhérentes aux indicateurs statistiques. Ce qui importe ici est le rôle fondamental de la production, dont la définition, nous l'avons vu, est inséparable de sa finalité : *les agents produisent pour satisfaire des besoins*.

b) Les individus cherchent à satisfaire au mieux leurs besoins

Pourquoi les agents doivent-ils produire ? Parce que la satisfaction des besoins ne va pas de soi. Les ressources disponibles (les biens, le temps, la terre…) sont rares, comparées à l'étendue des besoins. Si les ressources étaient naturellement abondantes, c'est-à-dire accessibles sans limites et sans coûts, les hommes ne seraient pas contraints de sacrifier quoi que ce soit pour satisfaire un besoin particulier ; tous les désirs seraient comblés jusqu'à satiété. Mais, dans un univers de rareté, les besoins sont concurrents entre eux. Toute satisfaction exige l'utilisation de temps et de ressources qui seront définitivement perdus pour une autre satisfaction. Tout choix, toute activité a ce que l'économiste appelle un « coût d'opportunité ». *Le coût d'opportunité d'un choix est la satisfaction que l'on aurait pu obtenir en procédant au meilleur des autres choix possibles*. Par exemple, imaginez la chose que vous aimeriez le plus faire en ce moment, à part lire ce livre, parmi vos autres choix possibles. Vous venez de mesurer le coût d'opportunité de cette lecture !

Comme toutes les décisions ont un coût d'opportunité, les agents doivent définir une échelle de préférence entre tous les choix possibles. Et parce que tout choix entraîne un sacrifice, les individus ne sont pas indifférents à la façon de satisfaire leurs besoins. Parmi toutes les méthodes disponibles pour satisfaire un besoin particulier, les individus sont incités à choisir celle qui leur procure le maximum de satisfaction pour un coût donné, ou, ce qui revient au même, celle qui implique le coût minimum pour une satisfaction donnée.

Sans le nommer, nous venons de décrire ce que l'économiste entend par le terme de « rationalité ». *La rationalité économique* consiste en fait en deux hypothèses :
– les individus sont *capables de classer les choix possibles par ordre de préférence* ; ils peuvent dire s'ils préfèrent A à B, ou bien B à A, ou encore s'ils sont indifférents entre A et B ;
– les individus recherchent le *maximum* de satisfaction.

Un individu rationnel ne cherche pas simplement à satisfaire ses besoins mais à les satisfaire *au mieux*. Le comportement *maximisateur* est donc au cœur de l'hypothèse de rationalité ; concrètement, il implique simplement qu'un individu rationnel ne laisse pas passer une occasion d'améliorer sa situation, c'est-à-dire de bénéficier d'avantages supérieurs aux coûts supportés pour les obtenir.

Bien entendu, seuls les individus ont des besoins. Les organisations (entreprises, administrations) n'ont pas de besoins à satisfaire et ne constituent pas en fait des centres de décision. Quand on étudie le comportement des agents autres que les ménages, on analyse en fait les choix des individus qui, au sein des organisations, exercent le pouvoir de décision : le chef d'entreprise, les dirigeants du syndicat, le chef du gouvernement, le ministre des Finances, etc. Il convient donc de bien identifier les décideurs et de faire des hypothèses supplémentaires sur les objectifs qu'ils se fixent en vue de satisfaire leurs besoins. Par exemple, on pourra faire l'hypothèse que le bien-être de l'entrepreneur est attaché au profit et que, en conséquence, la rationalité, pour l'entreprise, se ramène à la maximisation du profit. Ou bien, pour les choix politiques, on peut imaginer que l'objectif des décideurs est le pouvoir. Cela mérite d'être souligné, car le discours économique ordinaire restera souvent implicite en la matière. On dira que « les entreprises » prennent telle ou telle décision ; ou encore que « l'État » met en œuvre telle ou telle politique. Or, à proprement parler, la théorie économique s'applique aux individus qui, au sein des entreprises ou de l'État, prennent les décisions.

c) L'hypothèse de rationalité est-elle bien raisonnable ?

La rationalité des individus est sans doute l'un des aspects de l'analyse économique les plus critiqués par les non-économistes. Compte tenu de ce que le sens commun met sous le terme de rationalité, cette hypothèse semble en effet proposer une vision bien trop étroite des comportements humains.

• ***Une vision trop étroite du comportement humain ?***

En premier lieu, une part considérable des décisions individuelles sont prises en l'absence d'un calcul précis des coûts et des avantages qu'elles entraînent. Les choix de consommation sont bien souvent effectués sur des impulsions où l'humeur de l'individu et la séduction parfois éphémère du produit l'emportent largement sur une évaluation précise des coûts, des avantages et des autres choix possibles. Les consommateurs sont souvent loin d'être des calculateurs avisés faisant une chasse permanente aux gaspillages. De plus, il n'est pas rare que les individus commettent des erreurs et réalisent après coup qu'un autre choix leur aurait procuré plus de satisfaction.

On reproche également à la vision économique de l'homme de ne retenir que les motivations égoïstes des individus. Or, dans la réalité, la recherche des satisfactions personnelles coexiste avec des comportements altruistes. A des degrés divers, certes, mais rarement nuls, la plupart des individus sont disposés à consentir des sacrifices pour contribuer au bien-être de leur famille, de leurs relations ou même d'inconnus.

Au total, l'homme réel correspond assez mal au calculateur infaillible et parfaitement égoïste sur lequel l'économiste semble fonder son analyse.

• ***Une hypothèse justifiée***

Les remarques précédentes sont sans doute pertinentes, mais, en fait, elles ne remettent nullement en cause l'hypothèse de rationalité. En effet, le langage courant tend à charger le terme de rationalité d'un contenu qui dépasse largement celui de la rationalité économique. Pour l'économiste, un individu rationnel n'est pas nécessairement égoïste, calculateur et infaillible. Au sens économique du terme, un individu rationnel, rappelons-le, est seulement capable de définir des préférences, et ne laisse pas passer une occasion d'améliorer son bien-être si celle-ci se présente. En formulant cette hypothèse, l'économiste ne délimite en rien les sources possibles de satisfaction. L'individu peut très bien éprouver des satisfactions en recherchant le bien-être d'autrui ; autrement dit, il peut être altruiste ; et plus il a à cœur le bien-être d'autrui, plus il sera incité à faire un usage rationnel des ressources employées à cette fin. L'hypothèse de rationalité ne dit rien sur les *finalités* de l'action humaine ; elle n'a de conséquence que sur les *moyens* utilisés par les agents pour parvenir à leurs fins.

Par ailleurs, la rationalité n'implique en rien un calcul économique précis des coûts et des avantages associés à chaque décision. Bien au contraire, dans bon nombre de situations, il serait irrationnel de recueillir toutes les informations utiles et de procéder à tous les calculs nécessaires pour éviter tout risque d'erreur. La recherche d'information et le calcul sont des activités coûteuses auxquelles les agents rationnels ne se consacrent pas au-delà du point où leur coût devient supérieur aux avantages que l'on espère en retirer.

Imaginons un individu qui veut traverser une route alors qu'un véhicule arrive dans sa direction. Pour être absolument *certain* de ne pas malencontreusement rencontrer le véhicule au milieu de la chaussée, notre piéton devrait connaître la distance à laquelle se situe le véhicule et celle qu'il doit lui-même parcourir, sa vitesse de déplacement et celle du véhicule, et, pourquoi pas, la direction et la force du vent ! Il lui faudrait ensuite sortir sa calculatrice pour entrer les différents paramètres et effectuer les calculs en tenant compte de ce que, pendant ce temps-là, le véhicule approche, ce qui modifie les paramètres de départ. Bien entendu, le calcul à peine commencé, le véhicule serait déjà passé, tandis qu'un autre se présenterait, roulant naturellement à une vitesse différente. Dirions-nous que ce piéton, condamné à passer la journée affairé sur sa calculatrice au bord de la chaussée, est rationnel ? Certainement pas ! Dans ce cas, le coût de recherche et de traitement des informations nécessaires pour *être sûr* de ne pas se tromper est considérable et, de plus, inutile, puisqu'il aboutit concrètement à un résultat accessible sans le moindre calcul : le plus sûr moyen de ne pas se faire écraser par le véhicule est de ne pas traverser. Dans ce type de situation, l'individu rationnel préfère se fier à des sources d'information immédiatement accessibles à faible coût : l'habitude, le comportement des autres piétons, les règles (couleur du feu, passage pour piétons…), etc. La rationalité impose souvent de ne pas utiliser toute l'information parce que l'information est coûteuse. Mais, dès lors, l'individu rationnel n'est pas à l'abri d'une erreur. Et, de fait, il arrive que les piétons rencontrent les véhicules au milieu de la chaussée. *La rationalité n'implique pas l'infaillibilité des agents.* Au contraire, elle implique l'erreur, parce qu'il serait le plus souvent irrationnel de rechercher une information exhaustive permettant d'éviter les erreurs. Seule *l'erreur systématique*, c'est-à-dire la répétition continuelle de la même erreur par un même agent, est exclue par l'hypothèse de rationalité.

d) Les goûts et les couleurs, cela ne se discute pas !

L'analyse économique fait l'hypothèse que les goûts, les besoins, les préférences des individus sont des données invariables. Il ne s'agit pas d'une prise de position philosophique sur la question mais d'un choix méthodologique. Il se peut que les goûts varient d'un individu à un autre, et, pour un même individu, d'un moment à un autre. Mais on ne peut guère émettre sur cette question autre chose que des idées et des jugements de valeur impossibles à confronter aux faits.

Lorsque M. Dupont réduit sa consommation de tomates, on peut toujours faire l'hypothèse qu'il aime moins les tomates qu'auparavant. Mais il ne s'agit pas d'une hypothèse scientifique : il n'y a aucun moyen de la tester en la confrontant aux faits. L'économiste, pour sa part, fait *comme si* M. Dupont aimait toujours autant les tomates, et cherche les éléments observables et mesurables qui ont changé dans l'environnement de M. Dupont et qui seraient susceptibles d'expliquer son comportement. L'économiste ne mettra en avant que des explications réfutables par l'expérience. Si ces hypothèses sont réfutées par les faits, il en cherchera d'autres ; si elles sont confirmées, il disposera d'un outil efficace pour comprendre le comportement de M. Dupont.

L'analyse économique est une science des contraintes. Elle n'explique pas ce que font les individus par « ce qui se passe dans leur tête », tout simplement parce que, ne sachant pas ce qui s'y passe, la seule démarche scientifique raisonnable consiste à ne tenir compte que des contraintes extérieures aux individus, qui, elles, sont observables.

2. LES MÉNAGES

Les ménages offrent leur force de travail aux entreprises en vue d'acquérir un revenu. Ils sont alors confrontés à un premier arbitrage, entre les satisfactions qu'ils retirent de la libre disposition de leur temps et les satisfactions qu'ils espèrent obtenir grâce aux revenus du travail. Ils utilisent ensuite leur revenu pour satisfaire leurs besoins. Les ménages doivent alors procéder à deux types d'arbitrage. D'une part, ils doivent choisir entre les différents biens de consommation offerts par les producteurs : il s'agit donc de déterminer *la structure* de la consommation. D'autre part, ils doivent choisir *le niveau global* de leur consommation, et donc arbitrer entre la consommation immédiate et les consommations futures que permet éventuellement l'épargne.

A. L'offre de travail

Écartons d'emblée une ambiguïté fréquente dans le vocabulaire relatif au marché du travail. Une *offre de travail* ne doit pas être confondue avec une offre d'emploi publiée dans le journal. L'économiste emploie le terme « travail » au sens de facteur de production utilisé par les entreprises ou les administrations pour produire des biens et des services. Ce sont donc *les individus qui offrent du travail et les employeurs qui demandent du travail*.

a) L'arbitrage entre revenu et loisir

Les ménages répartissent leur temps total disponible entre le loisir et le travail rémunéré. Ici, nous entendons par loisir la totalité du temps qui n'est pas consacré au travail rémunéré. Il inclut donc le temps consacré au travail domestique (cuisine, bricolage, courses...) et celui réservé au sommeil, aux activités de détente et aux relations familiales ou sociales. Le loisir procure des satisfactions aux individus, mais il a un coût d'opportunité : les revenus que les individus pourraient obtenir en consacrant ce temps à un travail rémunéré. Plus les rémunérations offertes par les employeurs sont élevées, plus le coût d'opportunité du loisir est élevé et plus les ménages sont incités à consacrer une part importante de leur temps au travail rémunéré. On peut donc faire l'hypothèse que la quantité de travail offerte par les ménages est une *fonction croissante de la rémunération du travail*. Par la suite, pour simplifier, nous désignerons toutes les rémunérations du travail par le terme de « salaires ».

A ce stade, une distinction doit être faite entre le salaire *nominal* et le salaire *réel*.

– Le salaire nominal (ou encore *monétaire*) est le montant (en francs) inscrit sur la fiche de paye.

– Le salaire réel est le pouvoir d'achat du salaire, c'est-à-dire la quantité de biens et services que le salaire nominal permet d'acheter ; on le mesure en divisant le salaire nominal par le prix moyen des biens et services dans l'économie nationale, c'est-à-dire par un indice du *niveau général des prix.*

Des travailleurs rationnels ne sont intéressés par les salaires offerts que dans la mesure où ils leur permettent d'acheter des biens et services ; ils ne tiennent donc pas compte du salaire nominal mais du salaire réel, et notre hypothèse devient : *l'offre de travail est une fonction croissante du salaire réel.*

b) Le débat théorique sur l'offre de travail

Depuis le développement de la théorie keynésienne, il existe un débat entre économistes sur le comportement d'offre de travail *à court terme.* En effet, Keynes soutient que l'offre de travail à court terme dépend du salaire nominal et non du salaire réel. Les travailleurs ne sont pas victimes d'une *illusion monétaire* qui les amènerait à ignorer que la monnaie n'a de valeur qu'en fonction de son pouvoir d'achat, mais, selon les keynésiens, les salaires nominaux constituent *la seule information fiable* sur laquelle les travailleurs puissent fonder leur offre de travail à court terme. En effet, les contrats de travail fixent les salaires nominaux et non les salaires réels. Ces derniers ne sont donc pas connus directement mais déduits à partir d'une prévision sur l'évolution des prix (l'économiste dit : « une anticipation des prix »). Si l'information et les anticipations des travailleurs sont imparfaites, il leur faudra toujours du temps pour anticiper correctement une hausse ou une baisse des prix en cours. Ce retard a des conséquences importantes dans deux cas de figure : *dans une période d'inflation,* une hausse des salaires nominaux peut être interprétée par les salariés comme une augmentation du pouvoir d'achat, et peut donc les conduire à offrir plus de travail même si, en réalité, l'inflation compense totalement la hausse des salaires monétaires ; *dans le cas d'une récession* (baisse de la production) *accompagnée d'une baisse du niveau général des prix* (déflation), une baisse des salaires nominaux sera refusée par les travailleurs même si elle est entièrement compensée par la baisse des prix, qui maintient donc le pouvoir d'achat inchangé. En effet, les salariés n'anticipent pas correctement la déflation et interprètent tout recul du salaire nominal comme une baisse du pouvoir d'achat.

La question de savoir si l'offre de travail dépend du salaire nominal ou du salaire réel est donc liée au mode de formation des anticipations des travailleurs. Les *monétaristes* considèrent que la vision keynésienne peut s'appliquer dans le court terme. Mais avec le temps, les travailleurs *adaptent leurs anticipations* de prix et ne tiennent plus compte que du salaire réel. La *théorie des anticipations rationnelles* développée dans les années 1970 considère que les travailleurs connaissent précisément le fonctionnement de l'économie et anticipent correctement l'inflation. En conséquence, l'offre de travail devrait dépendre du salaire réel, à court terme comme à long terme. Dans l'optique keynésienne, le long terme n'est qu'une tendance théorique mais n'existe pas dans la pratique. Les délais d'ajustement sont longs, et, au fur et à mesure que les agents adaptent leurs anticipations, les conditions changent et rendent nécessaires de nouvelles anticipations. Dès lors, dans un contexte de grande incertitude sur les évolutions en cours, il peut être rationnel de se fier à une information incomplète mais sûre (le salaire nominal) plutôt qu'à un concept inobservable et incertain (le salaire réel). Nous reviendrons sur ce débat, dont nous saisirons encore mieux l'importance en étudiant le fonctionnement du marché du travail et le chômage.

B. La structure de la consommation

La *consommation* consiste en *l'utilisation immédiate* de ressources (biens, services, temps) qui disparaissent dans le processus de consommation. Par opposition, *l'investissement* consiste à mettre en réserve des ressources en vue d'une *utilisation future*. Il existe deux types de consommation : la *consommation finale,* utilisation immédiate de biens et services en vue de satisfaire les besoins des individus ; la *consommation intermédiaire,* utilisation immédiate de biens et services dans un processus de production d'autres biens et services. Un achat de fruits et légumes par les ménages est une consommation finale ; le même achat effectué par une fabrique de conserves alimentaires est une consommation intermédiaire. Ci-dessous, nous étudions donc la consommation finale des ménages.

Les individus consomment en vue d'obtenir le maximum de satisfaction, mais ils ne peuvent pas demander n'importe quelle quantité des différents biens : ils sont contraints par les revenus dont ils disposent et par les prix des biens. La demande de chaque bien dépend donc à la fois *de son prix relatif* (prix comparé à ceux des autres biens) *et du revenu des consommateurs*. Rappelons, sur le plan du vocabulaire, que le terme de « biens », employé sans autre précision, recouvre en fait toujours, dans le langage de l'économiste contemporain, l'ensemble des biens et des services.

a) L'influence des prix relatifs

• ***L'effet de substitution***

Pour satisfaire un besoin donné, les consommateurs peuvent généralement utiliser différents biens. Ainsi peut-on se déplacer à pied, à bicyclette, en voiture, etc. De même, la variété des moyens disponibles pour satisfaire le besoin d'alimentation ou d'habillement paraît infinie. Le plus souvent, il existe des *biens substituables* entre eux, c'est-à-dire susceptibles d'être remplacés les uns par les autres pour satisfaire un même besoin. Dès lors, la contrainte budgétaire amène les agents à comparer les prix des biens substituables. On peut faire l'hypothèse que, toutes choses étant égales par ailleurs, si le prix d'un bien augmente, les consommateurs rationnels seront incités à utiliser moins de ce bien et à le remplacer en partie par les biens substituables devenus relativement moins chers (*effet de substitution*). Nous venons d'énoncer la loi de la demande : *la demande d'un bien est une fonction décroissante de son prix* (autrement dit : *la quantité demandée varie en sens inverse du prix*).

• ***L'élasticité de la demande***

L'intensité de réaction de la demande d'un bien aux fluctuations de prix est bien entendu variable. Pour mesurer cette intensité on utilise le concept d'élasticité. L'élasticité est tout simplement le rapport entre le pourcentage de variation de la demande d'un bien et le pourcentage de variation de son prix :

$$\text{élasticité-prix} = \frac{\text{\% de variation de la demande d'un bien}}{\text{\% de variation du prix de ce bien}}$$

L'effet du prix étant normalement négatif, ce rapport est également négatif. Une élasticité égale à – 2 signifie qu'une augmentation du prix de 1 % entraîne une diminution de la quantité demandée de 2 %.

Plus un bien a de substituts disponibles sur le marché, plus sa demande est élastique. En revanche, certains biens pour lesquels il existe peu de biens substituables ont une demande inélastique (on dit aussi « rigide »). Ainsi, par exemple, les augmentations successives du prix du tabac ont peu d'effet sur sa consommation à court terme, parce que la suppression du tabac crée une sensation de manque que peu d'autres substances peuvent soulager. De même, les chocs pétroliers des années 1970 ont montré que les grands pays industriels ne réduisaient pas rapidement leur consommation de pétrole alors même que le prix de ce dernier enregistrait des hausses considérables. Cela tient à ce que, à court terme, on ne peut que très partiellement remplacer le pétrole dans des industries qui ont été conçues pour fonctionner avec du pétrole ou avec des produits dérivés. A long terme cependant, les hausses de prix incitent à trouver de nouvelles sources d'énergie ou à exploiter plus intensivement d'anciennes sources d'énergie, et la demande de pétrole redevient élastique par rapport au prix. *La demande d'un bien est toujours plus élastique à long terme qu'à court terme* parce que le temps permet de rechercher et de développer les substituts qui peuvent faire défaut à court terme.

• ***Biens substituables, indépendants ou complémentaires***

Tous les biens ne sont pas substituables entre eux. Certains biens sont *complémentaires*, c'est-à-dire que leur consommation va de pair ; ils sont simultanément nécessaires à la satisfaction d'un même besoin (par exemple : l'essence et les automobiles, les cassettes vidéo et les magnétoscopes). Certains biens sont *indépendants* les uns par rapport aux autres ; ils concourent à la satisfaction de besoins totalement étrangers (par exemple : les balles de ping-pong et la viande de bœuf). Pour savoir si deux biens sont substituables, complémentaires ou indépendants, on peut calculer *l'élasticité croisée.* L'élasticité-prix croisée mesure comment la demande d'un bien réagit aux variations du prix d'un autre bien.

$$\text{élasticité-prix croisée} = \frac{\text{\% de variation de la demande d'un bien}}{\text{\% de variation du prix d'un autre bien}}$$

Si deux biens sont *substituables,* la hausse du prix de l'un doit inciter à augmenter la consommation de l'autre ; le renchérissement du beurre doit stimuler la consommation de margarine ; l'élasticité croisée est donc positive. Inversement, si deux biens sont *complémentaires,* la hausse du prix de l'un pénalisera la consommation des deux biens ; une hausse du prix des magnétoscopes devrait freiner la consommation des magnétoscopes et celle des cassettes vidéo ; l'élasticité croisée est donc négative. Enfin, si deux biens sont *indépendants,* leur élasticité croisée doit être nulle.

b) L'influence du revenu : les lois d'Engel

On peut mesurer la réaction des consommations aux variations du revenu par l'élasticité de la demande par rapport au revenu :

$$\text{élasticité-revenu} = \frac{\text{\% de variation de la demande}}{\text{\% de variation du revenu}}$$

Si tous les biens avaient la même élasticité-revenu, la structure de la consommation ne serait pas modifiée par l'élévation ou la diminution du niveau de vie des ménages ; elle ne dépendrait que de l'évolution des prix relatifs des différents biens. Mais il n'en va pas ainsi. L'expérience montre que l'amélioration de leur pouvoir d'achat conduit les individus à privilégier certaines consommations au détriment des autres. Un statisticien autrichien, E. Engel, a le premier montré l'existence de relations entre consommation et revenu différentes selon les biens ; d'où le nom de « lois d'Engel » attribué à ce type de relations.

On peut en effet distinguer trois catégories de biens selon le sens et l'intensité de l'effet du revenu sur leur consommation :

• ***Les biens normaux*** *(élasticité-revenu positive, inférieure ou égale à 1).* Une augmentation du revenu entraîne une augmentation proportionnelle ou moins que proportionnelle de la demande. La part de ces biens dans le budget des ménages est stable ou régresse avec l'élévation du niveau de vie. On trouve généralement dans cette catégorie les biens correspondant à la satisfaction des besoins élémentaires : alimentation, habillement, logement, meubles et équipements ménagers.

• ***Les biens supérieurs*** *(élasticité-revenu positive, supérieure à 1).* Une augmentation du revenu entraîne une augmentation plus que proportionnelle de la demande. La part de ces biens dans le budget des ménages augmente avec l'élévation du niveau de vie. On trouve dans cette catégorie des produits manufacturés de luxe et une part importante des services : les services de santé, d'éducation, de transports, de communication et de loisirs.

• ***Les biens inférieurs*** *(élasticité-revenu négative).* Une augmentation du revenu entraîne une *diminution* de la demande. La part de ces biens dans le budget des ménages recule très rapidement avec l'élévation du niveau de vie. Il s'agit ici de produits de qualité très médiocre, ou considérés par les consommateurs comme intrinsèquement inférieurs à d'autres biens correspondant au même besoin ; si leur utilisation est maintenue dans les situations de pauvreté ou de pénurie, elle est rapidement abandonnée dès que le revenu s'améliore (par exemple, le pain noir par rapport au pain blanc).

Bien entendu, la classification précise des biens selon l'effet revenu varie en fait dans le temps et dans l'espace, mais le classement proposé ci-dessus donne une indication moyenne satisfaisante sur la façon dont le niveau de vie affecte la structure de la consommation.

c) L'influence du coût du temps

L'explication de certains choix individuels par les seules variations de prix ou de revenu est parfois insuffisante. Des individus disposant de revenus identiques et confrontés aux mêmes prix n'ont pas les mêmes consommations. Et comment expliquer des choix non marchands comme la baisse de la natalité ou celle de la pratique religieuse ? Face à ces phénomènes qui semblent échapper à la logique économique traditionnelle, l'observateur est conduit à émettre des hypothèses *ad hoc* (sur mesure !) sur l'évolution des goûts et des besoins : les femmes ont moins d'enfants parce qu'elles *aiment moins* les enfants qu'autrefois, les femmes ont *moins envie* de rester au foyer et éprouvent davantage *le besoin* de travailler, la pratique religieuse régresse parce que la société industrielle rend les hommes plus *égoïstes* et plus *matérialistes,* etc. Ces hypothèses sont intéressantes et méritent certainement d'être envisagées dans un discours d'ordre moral ou philosophique; mais, dans une analyse scientifique, elles sont inutilisables parce qu'il est totalement impossible de les confronter aux faits. Aussi, l'analyse économique renonce à une spéculation subjective sur l'évolution des préférences individuelles, et tente de proposer des explications compatibles avec la stabilité des goûts et des besoins.

• *L'introduction du prix du temps*

Tout d'abord, l'économiste estime que les biens et services ne sont pas directement l'objet du désir des consommateurs. Les individus n'ont pas besoin de tomates, mais besoin de se nourrir ; ils n'ont pas besoin de télévision, mais de distraction et d'évasion ; ils n'ont pas besoin d'autobus, mais ils ont besoin de se déplacer, etc. En fait, les ménages peuvent produire une même satisfaction en utilisant des biens différents. Par conséquent, la variabilité des consommations d'un individu dans le temps ou d'individus différents à un moment donné *n'indique en rien une variation des goûts ou des préférences* ; elle peut très bien refléter une simple *modification dans les techniques utilisées* pour satisfaire des *besoins identiques*. Il est normal que ces techniques évoluent dès l'instant où le coût des différents moyens disponibles change dans le temps ou dans l'espace.

Les individus produisent leurs satisfactions en utilisant des biens, des services *et du temps*. Le temps a un coût d'opportunité : toute heure passée à une activité domestique pourrait être consacrée à un travail rémunéré. Plus les emplois disponibles sont nombreux et les salaires offerts élevés, plus le coût du temps est important. Or, justement, la croissance exceptionnelle qu'ont connue les sociétés industrielles de la fin des années 1940 au début des années 1970 a eu un double effet : une *élévation des salaires réels* sans précédent dans l'histoire, et une *baisse du prix réel des biens* également sans précédent. Le prix réel d'un bien correspond au temps de travail nécessaire pour acquérir le revenu qui permet d'acheter ce bien. Les gains de productivité associés à l'accélération de la croissance et du progrès technique ont permis de produire les biens d'équipement des ménages (équipements ménagers, matériels de transport, équipements de loisirs) à des coûts et donc à des prix décroissants.

• ***Moins de temps, mais plus d'argent !***

La baisse généralisée du prix réel des biens de consommation, combinée à la hausse généralisée des salaires réels durant presque trente années après la Seconde Guerre mondiale, a naturellement conduit les individus à modifier les techniques utilisées pour satisfaire leurs besoins. Même si leurs besoins sont restés stables durant toute cette période, les individus rationnels ont cherché à les satisfaire en utilisant de moins en moins de temps (qui devenait de plus en plus cher) et de plus en plus de biens (dont les prix ne cessaient de baisser).

Il n'est donc pas nécessaire de supposer que les individus sont devenus plus égoïstes ou plus matérialistes pour comprendre que leur mode de vie a évolué au profit des consommations marchandes, et si possible économisant du temps, et au détriment des activités coûteuses en temps (éducation des enfants, travail domestique, pratique religieuse, etc.). Ainsi, par exemple, la chute des taux de natalité dans les pays industrialisés s'explique sans difficulté même si les ménages aiment autant les enfants que par le passé. Les ménages recherchent un certain nombre de satisfactions à travers les enfants. Ils ont simplement adapté les moyens qu'ils utilisaient pour produire ces satisfactions à l'évolution du coût du temps et du prix des biens : ils satisfont un même goût pour les enfants en leur consacrant *moins de temps* mais *plus de dépenses* en biens et services ; ils réduisent donc le nombre d'enfants pour économiser le temps mais dépensent plus pour leurs enfants (habillement, éducation, loisirs). De même, l'extension du salariat féminin s'explique aisément par la multiplication des emplois et l'élévation rapide des salaires offerts. Il n'est pas nécessaire de supposer que les femmes ont soudain ressenti le besoin d'échapper à la tutelle des hommes et de s'émanciper par le travail.

Bien entendu nous ne donnons ici qu'un très sommaire aperçu de l'analyse économique moderne de phénomènes habituellement exclus du champ de l'économie. Notre présentation inévitablement simpliste vise seulement à illustrer un aspect fondamental de la démarche scientifique en économie : le refus des explications par l'évolution des goûts et des préférences. Il convient de ne pas se méprendre sur la signification des interprétations économiques. Les reproches constants faits aux économistes pour *leur vision réductionniste de l'homme* sont totalement déplacés parce qu'ils situent le problème sur un terrain philosophique qui est étranger à la démarche de l'analyse économique. L'économiste ne propose pas une « vision de l'homme » ; il cherche un outil performant pour expliquer des faits. L'analyse économique ne nie pas le rôle de l'amour, de la foi, de la personnalité, etc., dans l'action humaine. Elle constate seulement que les hypothèses sur ce qui se passe dans la tête (ou le cœur) des individus ne peuvent pas être confrontées aux faits ; ces hypothèses relèvent donc de jugements de valeur indispensables au discours moral ou religieux, mais inutilisables dans un propos scientifique. L'économiste n'est pas un spécialiste de l'âme, mais un spécialiste des contraintes observables qui conditionnent les comportements humains ; il se contente de mettre à jour les explications que l'analyse économique permet d'avancer ; mais c'est un point de vue parmi d'autres, qui ne prétend pas constituer la seule voie d'accès à la vérité.

C. Le niveau de la consommation et de l'épargne

Il est raisonnable de penser que la consommation globale d'un pays est une fonction croissante du *revenu* et de la *richesse* des ménages. Précisons tout d'abord ces deux concepts, dont la signification est souvent source de confusions.

La *richesse,* ou encore le *patrimoine,* représente tout ce que les ménages possèdent à un moment donné, leurs avoirs ou encore leurs *actifs* : biens d'équipement, logement, résidence secondaire, valeurs mobilières (actions, obligations, etc.), monnaie, dépôts sur des comptes d'épargne, etc. Parfois, lorsqu'on ne se limite pas aux actifs dont on peut définir la valeur monétaire, l'économiste étend le concept de richesse au *capital humain,* c'est-à-dire à l'ensemble des aptitudes, talents, qualifications, expériences accumulés par un individu et qui déterminent en partie sa capacité à travailler ou à produire pour lui-même ou pour les autres.

Le *revenu* est constitué par tout ce qui peut augmenter la richesse au cours d'une période donnée : salaires, bénéfices commerciaux, intérêts perçus sur les dépôts d'épargne, dividendes reçus sur les actions, loyers, etc. Il ne faut pas confondre la vente d'un élément du patrimoine avec le revenu. Si un ménage revend 1 000 000 F un logement qu'il a acheté 1 000 000 F, cela ne lui procure pas un revenu ; la richesse du ménage est la même avant et après la vente ; ce ménage a seulement transformé la structure de sa richesse, la façon de la détenir. Le revenu est une *augmentation* de la richesse. Si notre ménage revend son logement 1 200 000 F, il réalise une *plus-value* de 200 000 F qui constitue un revenu. Le patrimoine est un *stock* (un état des choses à un moment donné) ; le revenu est un *flux* (une variation au cours d'une période donnée).

L'influence du revenu et de la richesse sur la consommation soulève trois questions essentielles. Comment la consommation est-elle affectée par l'inflation, qui réduit la valeur réelle de tous les avoirs des ménages ? Comment les taux d'intérêt agissent-ils sur le choix entre épargne et consommation ? Enfin, les dépenses courantes (de l'année en cours) sont-elles surtout déterminées par le revenu courant ou par l'ensemble des revenus espérés par les ménages tout au long de leur vie ?

a) L'influence de l'inflation

L'inflation est une hausse du niveau général des prix, c'est-à-dire du prix moyen de tous les biens ; elle exerce sur la consommation deux influences de sens opposé selon qu'elle est *constatée* ou *prévue*.

L'inflation constatée a trois effets :

– effet de pouvoir d'achat (la hausse des prix réduit le pouvoir d'achat procuré par les différents revenus des ménages) ;

– effet de richesse (la hausse des prix réduit la valeur réelle du patrimoine – la richesse réelle – des ménages) ;

– effet d'encaisses réelles (l'inflation réduit la valeur réelle des encaisses monétaires détenues par les ménages ; si, pour des raisons de commodité et de sécurité, les agents souhaitent détenir en permanence un certain volume de monnaie en réserve, l'inflation les conduira à accroître la valeur nominale de leurs encaisses pour maintenir leur valeur réelle).

Pour toutes ces raisons, l'inflation, une fois qu'elle est constatée par les ménages, tend à freiner la consommation.

Mais l'inflation peut aussi être *anticipée* (prévue) par les ménages. Ces derniers peuvent alors être incités à accroître leurs dépenses aujourd'hui, pour éviter de payer plus cher demain. Notons qu'il s'agit là d'un effet à court terme. A long terme, le recul du pouvoir d'achat ne peut que freiner les dépenses. Mais l'effet immédiat d'une hausse du niveau général des prix est ambigu : la consommation recule si les individus réalisent après coup que leur pouvoir d'achat a régressé ; elle s'accélère si les individus anticipent correctement l'inflation.

b) L'influence des taux d'intérêt

Les individus peuvent répartir leur consommation dans le temps. Dans une certaine mesure, une fois les besoins vitaux satisfaits, les ménages peuvent renoncer à certaines consommations présentes en vue d'améliorer leur consommation future. Telle est la fonction de l'épargne. Elle permet d'accumuler le minimum de capitaux nécessaires à certains achats (logement, voiture, etc.). Elle permet aussi de détenir des actifs financiers rémunérés (compte d'épargne, livret d'épargne, obligations, etc.). Ainsi, le niveau de la consommation et donc de l'épargne résulte d'un arbitrage des ménages entre les satisfactions présentes associées à la consommation courante (cette année) et des satisfactions futures. Plus les taux d'intérêt rémunérant les différentes formes de placement sont élevés, plus les ménages sont incités à épargner et à déplacer leur consommation vers le futur. La hausse des taux d'intérêt tend ainsi à réduire la consommation courante et favorise l'épargne ; inversement, la baisse des taux stimule la consommation et freine l'épargne.

Bien entendu, une hausse du taux d'intérêt ne favorise l'épargne que si l'inflation n'absorbe pas l'augmentation du revenu futur associé à l'épargne. Ainsi, 100 F placés à 6 % pendant un an valent réellement 106 F dans un an si le niveau général des prix reste inchangé. Si le niveau général des prix monte également de 6 % durant l'année, 106 F dans un an ont une valeur réelle (un pouvoir d'achat) identique à 100 F aujourd'hui. Les agents économiques ne tiennent donc pas compte du *taux d'intérêt nominal* (le montant en francs des intérêts perçus pour 100 F) mais du *taux d'intérêt réel,* c'est-à-dire de la différence entre le taux d'intérêt nominal et le taux d'inflation. Nous devons donc préciser notre précédent résultat : une hausse des taux d'intérêt *réels* freine la consommation courante et stimule l'épargne ; autrement dit, elle incite à substituer des satisfactions futures aux plaisirs immédiats.

Cependant, cet *effet de substitution* est contrarié par un *effet revenu.* Une hausse des taux d'intérêt permet en effet aux ménages d'obtenir un même capital futur avec une épargne présente plus faible. Pour obtenir 106 F l'année prochaine, il faut placer 100 F aujourd'hui si le taux d'intérêt réel est de 6 % ; si le taux d'intérêt réel monte à 10 %, il suffit de placer 96,36 F à ce taux pour récupérer 106 F dans un an ; cette dernière option ne remet pas en cause le capital futur et dégage 3,64 F pour la consommation courante (100 F – 96,36 F). Si les ménages ont une forte préférence pour les satisfactions immédiates, ils peuvent donc profiter de la hausse des taux d'intérêt réels pour augmenter leur consommation courante sans entamer le capital futur qu'ils avaient décidé de constituer.

En théorie donc, l'effet total du taux d'intérêt sur l'épargne et la consommation est ambigu car il exerce deux influences de sens contraire.

c) L'influence du revenu

La question de savoir si la consommation des ménages à un moment donné dépend surtout du revenu courant ou des revenus futurs a été beaucoup débattue en raison de son incidence sur l'efficacité des politiques économiques. En effet, la thèse keynésienne selon laquelle l'État peut stimuler la croissance et l'emploi en augmentant ses dépenses s'appuie directement sur l'existence d'une relation stable entre consommation et revenu courant. La remise en cause de cette relation a naturellement débouché sur celle des politiques keynésiennes.

• ***Le rôle du revenu courant : l'hypothèse keynésienne***

Les effets du taux d'intérêt et du taux d'inflation, on l'a vu, peuvent être ambigus. De plus, l'effet de richesse ne peut jouer vraiment que pour une minorité d'agents disposant d'un patrimoine important. De même, l'expérience montre que des ménages à revenu moyen et ne disposant pas de richesses importantes autres que leur logement, ne modifient pas sensiblement leur mode de vie, même quand les taux d'intérêt varient fortement. Aussi, à la suite de l'hypothèse proposée par Keynes (1936), de nombreux économistes considèrent qu'à court et moyen terme, la consommation globale dépend surtout du revenu courant dont peuvent disposer les ménages. Il existerait une *loi psychologique* selon laquelle tout individu, lorsque son revenu réel augmente, consacre une fraction de ce revenu supplémentaire à la consommation. On appelle cette fraction la *propension marginale à consommer*. Si cette propension est stable, on peut prévoir l'effet stimulant d'une politique de relance par la consommation. Par exemple, la propension à consommer est égale à 80 % et le gouvernement décide une augmentation des prestations sociales aux ménages à concurrence de 100 millions. Le revenu des ménages s'élève donc de 100 millions et, compte tenu de la propension à consommer, ils consacrent 80 millions de ce revenu supplémentaire à la consommation et 20 millions à l'épargne. Les producteurs de biens de consommation vont donc produire et vendre 80 millions de plus qu'avant la décision du gouvernement. Mais l'effet stimulant ne s'arrête pas là. En effet, les 80 millions de chiffre d'affaires supplémentaire finissent sur le compte en banque des différents agents économiques, sous la forme de salaires, profits, intérêts, etc. Or, en vertu de la propension à consommer constatée plus haut, 80 % de ces nouveaux revenus seront à leur tour consommés, entraînant une nouvelle vague de production et de distribution de revenus par les entreprises, et ainsi de suite. Une augmentation du revenu exerce donc, *via* la consommation, un *effet multiplicateur* sur la production : un gouvernement qui dépense 100 millions de plus pour les ménages peut espérer une progression de la production nationale nettement supérieure à 100 millions. Bien entendu, cela suppose que les ménages aient effectivement une propension stable à consommer toute augmentation de leur revenu courant.

• ***Le rôle des revenus futurs***

L'hypothèse keynésienne souffre d'au moins une lacune. Des individus rationnels déterminent leur mode de vie à un moment donné non seulement en fonction du revenu disponible durant l'année courante, mais aussi en tenant compte des revenus futurs auxquels ils s'attendent. L'existence de ce type de comportement est suffisamment démontré par le développement du crédit. La plupart des achats de biens d'équipement ou de logement des ménages mettent en jeu des crédits par lesquels les individus anticipent sur leurs revenus futurs. Les ménages cherchent le plus souvent à répartir les satisfactions tirées de la consommation tout au long de leur vie plutôt qu'à les lier strictement au revenu disponible à un moment donné.

Conformément à cette observation, la *théorie du cycle vital* développée par Franco Modigliani (1954) estime que les individus tentent de maintenir un niveau de vie stable alors que leurs revenus connaissent trois phases très différentes : au début de la vie, les ressources sont faibles ; elles augmentent ensuite durant la vie active, pour régresser à nouveau après le départ à la retraite. Cela conduit les jeunes à s'endetter fortement ; dans la deuxième phase de l'existence, les ménages épargnent pour rembourser leurs emprunts de jeunesse et pour préparer leur retraite ; durant la troisième phase, ils puisent dans leur épargne passée pour préserver leur consommation. Dès lors, la consommation d'une année donnée n'est pas strictement liée au seul revenu de l'année.

La *théorie du revenu permanent* part du même type d'observation mais débouche plus explicitement sur une critique des politiques de relance par la consommation. Proposée par Milton Friedman (1957), chef de file de l'école *monétariste,* cette théorie estime que les individus déterminent leur consommation en fonction non pas de leur revenu courant, mais de leur *revenu permanent,* c'est-à-dire du revenu moyen anticipé sur toute leur vie. Le revenu courant comprend une composante permanente et une composante transitoire liée à la conjoncture. Les individus rationnels ne modifient sensiblement leur consommation qu'en réponse à une variation permanente de leur revenu. Il y a ainsi des années fastes où les ménages ont un revenu supérieur à leur revenu permanent : les affaires ont été bonnes, le gouvernement a distribué des prestations à la veille des élections, etc. Mais les ménages n'augmentent pas sensiblement leurs dépenses car cet état de choses est provisoire et peut précéder une année sombre où la conjoncture économique est mauvaise et les prochaines élections bien éloignées. Dans ce cas, le revenu supplémentaire sera plutôt épargné. Inversement, durant les années sombres où le revenu courant plonge en deçà du revenu permanent, les ménages puisent dans leur épargne pour maintenir leur niveau de consommation. Ainsi, selon cette approche, la consommation est relativement indépendante du revenu courant. Du même coup, les politiques de relance de la production fondées sur l'effet multiplicateur des dépenses de consommation sont souvent illusoires. Par exemple, lors d'une augmentation des prestations sociales, les ménages peuvent s'attendre à une augmentation future des cotisations sociales et considérer que leur revenu permanent n'est pas modifié et qu'il n'y a pas lieu de dépenser plus ; il faut épargner les prestations supplémentaires pour pouvoir ultérieurement payer les cotisations sans réduire son niveau de vie. De même, quand l'État augmente ses dépenses, les agents peuvent anticiper un relèvement futur des impôts : le revenu permanent et donc la consommation restent inchangés.

Dans la réalité, la plupart des études statistiques confirment que la consommation courante est directement influencée par les variations du revenu courant. Mais cette relation n'a pas toujours la stabilité supposée par les keynésiens et, en conséquence, les effets des politiques de relance par la consommation sont variables et difficilement prévisibles (cf. *Introduction à la politique économique*).

3. LES ENTREPRISES NON FINANCIÈRES

A. Une rationalité particulière : le profit

Les producteurs sont des agents rationnels et cherchent donc le maximum de satisfaction. L'analyse économique fait une hypothèse supplémentaire : dans le cas des producteurs, les satisfactions viennent du profit et du profit uniquement ; maximiser la satisfaction des entrepreneurs revient donc à maximiser le profit.

a) Une hypothèse simple mais irréaliste

Cette hypothèse a, certes, le mérite de la simplicité, mais son irréalisme est manifeste. Le profit est sans doute l'un des objectifs des entrepreneurs ; il n'est pas le seul. Les producteurs sont des hommes comme les autres et il n'y a aucune raison d'éliminer à leur sujet certaines des motivations habituellement reconnues chez les autres agents : le prestige, le pouvoir, l'amour, la réputation, l'altruisme, etc. Or, ces motivations peuvent orienter les objectifs de l'entreprise dans un sens parfois incompatible avec la maximisation du profit. Par exemple, le goût du pouvoir et du prestige peut conduire à maximiser la taille de l'entreprise, mais, au-delà d'un certain seuil, l'extension de la taille engendre des coûts qui limitent les profits (cf. **B.** ci-dessous). Le souci d'être aimé, la peur des conflits, l'altruisme peuvent entraîner le chef d'entreprise dans une politique sociale et salariale généreuse qui se fait éventuellement au détriment des profits. Enfin, les grandes entreprises sont souvent dirigées, au jour le jour, par des managers salariés et non par les propriétaires du capital. Or, seuls les propriétaires sont *a priori* directement motivés par les profits. Les dirigeants salariés peuvent avoir des objectifs propres (pouvoir, prestige, conditions de travail, etc.) qui entrent parfois en contradiction avec les intérêts des propriétaires. On pourrait multiplier les exemples. En fait, aucun économiste n'estimerait vraiment réaliste l'idée selon laquelle l'objectif unique des entreprises est la maximisation du profit. Pourtant, les trois quarts d'entre eux estiment cette hypothèse justifiée et raisonnent le plus souvent *comme si* les entreprises maximisaient le profit.

b) Une hypothèse justifiée

Une hypothèse scientifique est toujours irréaliste, nous l'avons déjà souligné dans le premier chapitre. L'hypothèse de maximisation du profit n'est pas retenue pour son réalisme, mais tout simplement parce qu'elle est *performante*. La quasi-totalité des résultats de l'analyse économique présentés dans cet ouvrage sont déduits d'un modèle théorique dans lequel les producteurs cherchent le maximum de profit. A quoi bon compliquer le modèle si, en fait, dans la plupart des situations analysées par l'économiste, tout se passe comme si les entreprises recherchaient le profit le plus élevé possible ?

Dans certains cas – par exemple quand on veut comprendre plus précisément le fonctionnement et les processus de décision internes aux entreprises – il convient d'adopter une vision plus développée des motivations des entrepreneurs. Mais au niveau de l'économie nationale, une bonne compréhension de la plupart des phénomènes s'accommode de l'hypothèse simple de la maximisation du profit.

A cette justification méthodologique, on peut ajouter qu'en fait cette hypothèse n'est pas si irréaliste qu'elle le paraît à première vue. A long terme, les entreprises privées qui réalisent des pertes disparaissent ; celles qui réalisent les profits les plus élevés s'imposent au détriment de leurs concurrentes parce qu'elles peuvent pratiquer des prix plus bas, investir davantage, consacrer plus de fonds à la mise au point d'innovations destinées à abaisser les coûts ou à améliorer la qualité des produits.

Lorsque les dirigeants ont des objectifs autres que le profit, ce dernier n'en reste pas moins la *condition préalable* sans laquelle la poursuite d'autres objectifs est souvent illusoire. Le prestige, le pouvoir, la qualité des relations avec le personnel, etc., seront plus facilement obtenus par les dirigeants à l'aide d'une entreprise qui dégage des profits élevés. La maximisation du profit n'est pas forcément l'objectif ultime de l'entrepreneur ; pour l'analyse économique, il suffit qu'il soit *l'objectif intermédiaire* mais nécessaire. Enfin, le problème de la divergence d'intérêts entre les propriétaires de l'entreprise et les dirigeants salariés ne doit pas être exagéré. Il ne se pose pas dans les petites et moyennes entreprises. Dans les grandes entreprises, cette divergence est atténuée dans la mesure où les cadres dirigeants sont souvent intéressés financièrement aux résultats de l'entreprise ; la plupart des grandes entreprises étendent les mécanismes d'intéressement financier à une partie importante des cadres non dirigeants. De plus, les cadres dirigeants sont nommés par les actionnaires, révocables par eux et soumis à leur contrôle ; ils peuvent donc difficilement mener des actions contraires aux intérêts des propriétaires.

Quand l'entreprise est cotée en Bourse, chaque actionnaire peut contrôler la gestion de l'entreprise en lisant simplement le journal. En effet, une des rares lois vérifiées en Bourse est que le cours des actions à long terme suit l'évolution des profits de l'entreprise. Si les professionnels qui gèrent des portefeuilles d'actions estiment que la gestion d'une entreprise va réduire ses profits à terme, ils anticipent une baisse du cours des actions de cette entreprise ; pour éviter des pertes, ils vendent ces actions, ce qui entraîne tout de suite la chute effective de leur cours. Ainsi, même un petit actionnaire ignorant les règles de la gestion peut savoir si la direction de son entreprise tend à améliorer ou à détériorer les profits. Un dirigeant salarié qui laisse chuter durablement le cours des actions de son entreprise s'expose bien entendu à la vindicte de ses actionnaires. Il court aussi le risque de voir un concurrent racheter massivement les actions de l'entreprise pour en prendre le contrôle. Une action représente en effet une part dans la propriété de l'entreprise. Celui qui acquiert la majorité des parts exerce un pourvoir sans partage dans le conseil d'administration. Et la première décision d'un nouveau patron consiste généralement à renvoyer l'équipe dirigeante qui a provoqué la baisse des profits et des actions pour mettre en place sa propre équipe.

Pour toutes les raisons évoquées ci-dessus, il paraît raisonnable de considérer que dans la plupart des cas, même quand ils sont des salariés, et même s'ils ont d'autres motivations, les dirigeants d'une entreprise sont contraints de rechercher le profit.

B. Les entreprises utilisent les facteurs de production

a) Les facteurs créent une valeur ajoutée

Les entreprises ne produisent pas à partir de rien. Elles utilisent des biens et des services produits par d'autres entreprises, des machines, des outils, des bâtiments, et du travail.

• ***La valeur ajoutée***

Le fait de combiner du travail et différents biens permet aux entreprises de produire de nouveaux biens. Ici, une distinction importante doit être faite entre la production *au sens comptable* et la production *au sens économique*. D'un point de vue comptable, le produit annuel d'une entreprise est la valeur des produits finis qu'elle a vendus (son chiffre d'affaires) ou bien stockés durant l'année. Mais au sens économique du terme, la production est une *création* de biens et services *nouveaux*. Or, pour produire les biens qu'elles vendent ou qu'elles stockent, les entreprises utilisent des biens et services qui sont détruits dans le processus de production et cessent d'être disponibles : il s'agit des consommations intermédiaires. Les producteurs consomment des matières premières, de l'énergie, des biens intermédiaires produits par d'autres entreprises, des services d'étude, de gestion, de transport, etc. Au sens économique, ce processus n'est véritablement productif que dans la mesure où la valeur des produits finis de l'entreprise est supérieure à celle des biens et services qu'elle a détruits. L'entreprise ne contribue donc à la production nationale que si elle crée une *valeur ajoutée*. La valeur ajoutée (VA) est simplement la différence entre la valeur de la production au sens comptable et la valeur des consommations intermédiaires :

VA = production – consommations intermédiaires

La valeur ajoutée est en outre le concept pertinent quand on veut mesurer la production à l'échelle nationale. En effet, si l'on additionne simplement la valeur comptable de la production des différents agents, on compte plusieurs fois les consommations intermédiaires. Ces dernières sont en effet comprises à la fois dans la valeur de la production des entreprises qui les consomment et dans celle des entreprises qui les produisent. Chaque producteur n'augmente le produit intérieur du pays que du montant de sa valeur ajoutée. On doit donc, à l'échelle nationale, effectuer la somme des valeurs ajoutées et non la somme des productions individuelles ; on obtient ainsi le « Produit intérieur brut » ou PIB :

PIB = somme des valeurs ajoutées

• ***Les facteurs de production***

Les *facteurs de production* sont les facteurs qui contribuent à l'apparition de la valeur ajoutée. Comment une entreprise ajoute-t-elle de la valeur aux biens et services transformés par elle en d'autres biens ? En les combinant avec du *travail* et du *capital*.

– Le *facteur travail* est constitué par le temps que consacrent à l'entreprise l'ensemble des individus qui travaillent dans cette entreprise ; cela inclut donc non seulement le temps de travail des salariés mais aussi celui des propriétaires participant effectivement à la direction de l'entreprise. A cette dimension quantitative s'ajoute une dimension qualitative. La contribution des individus à la production ne dépend pas seulement du nombre d'heures qu'ils y consacrent, mais aussi de leur qualification professionnelle, de leur expérience, de leur motivation et de leurs efforts.

– Le *facteur capital* comprend l'ensemble des biens qui sont utilisés durablement, c'est-à-dire plus d'un an (outils, machines, terrains, bâtiments, stocks, etc.), en vue de produire d'autres biens. Ici, l'introduction des stocks surprend souvent le profane. En effet, les matières premières ou les produits stockés par l'entreprise ne sont pas normalement destinés à rester en stock mais à être rapidement consommés ou vendus. Cependant, pour éviter toute rupture des approvisionnements nécessaires au processus de production, les entreprises maintiennent en permanence une réserve minimum de matières premières et de produits intermédiaires. Par exemple, si un producteur estime avoir besoin d'une réserve permanente de 10 000 litres de fuel, il réapprovisionne cette réserve au fur et à mesure qu'il la consomme. Certes, chaque litre de fuel reste peu de temps en réserve et sera rapidement consommé, mais dans la mesure où il est immédiatement remplacé par un autre litre, l'entreprise *immobilise* bien en permanence une valeur équivalente à 10 000 litres et qui n'est jamais consommée. De même, un constructeur automobile qui stocke en permanence 10 000 voitures pour limiter les délais de livraison à sa clientèle vend assez rapidement chacune des automobiles disponibles mais il la remplace aussitôt par une autre dans son stock ; il se retrouve bien en permanence avec 10 000 véhicules qui ne sont jamais vendus. Les stocks constituent donc vraiment des biens immobilisés durablement pour mener à bien le processus de production de l'entreprise. La seule différence entre les stocks et les biens d'équipement est que, dans le premier cas, ce ne sont pas les mêmes biens qui restent immobilisés ; aussi désigne-t-on le stockage par le terme de *capital variable,* par opposition au *capital fixe* constitué par les biens d'équipement, qui restent eux-mêmes immobilisés sans être relayés par d'autres biens équivalents.

• ***La consommation du capital et l'amortissement***

L'essentiel du capital fixe, tout comme les consommations intermédiaires, est consommé (détruit) dans le processus de production. En effet, les biens d'équipement subissent une usure matérielle et ont donc une durée de vie limitée. Ils subissent également un vieillissement technologique, l'*obsolescence,* qui rend nécessaire leur remplacement par des équipements intégrant une technologie plus moderne : leur durée de vie économique est souvent plus courte que leur durée de vie matérielle. On consomme donc le capital fixe. Mais, alors que les consommations intermédiaires disparaissent rapidement dans le processus de production, la consommation du capital est étalée dans le temps. Dans les comptes des entreprises, cette consommation progressive du capital s'appelle l'*amortissement.* Imaginons une machine d'une valeur de 1 000 000 F et dont la durée de vie est de 10 ans. On peut considérer que chaque année, l'entreprise en consomme un dixième ; chaque année, l'entreprise inscrira dans ses charges, au poste amortissement, une somme de 100 000 F pour constater la consommation annuelle de ce capital. Cette méthode est celle de l'*amortissement linéaire,* qui consiste à appliquer un taux d'amortissement *constant* chaque année (10 % dans notre exemple). Le montant de l'amortissement est comptabilisé dans les charges annuelles de l'entreprise, mais les sommes correspondantes ne sortent pas réellement de la trésorerie puisque les équipements ont déjà été réglés en totalité au moment de leur achat. L'amortissement est donc seulement une constatation comptable de la consommation progressive du capital, et une *provision financière* qui servira ultérieurement à financer de nouveaux investissements. L'amortissement étant compté dans les charges de l'entreprise, il réduit le bénéfice imposable. Pour cette raison, les règles d'amortissement ne sont pas laissées à l'entière liberté des producteurs mais fixées par les pouvoirs publics. Lorsque les pouvoirs publics souhaitent favoriser le financement de certains investissements, ils autorisent le recours à l'*amortissement dégressif*. Dans ce cas, l'essentiel de l'amortissement est concentré sur les premières années suivant l'investissement et décroît chaque année. Cela permet à l'investisseur de bénéficier rapidement d'une économie d'impôt importante et de reconstituer plus rapidement des ressources propres pour le financement de nouveaux investissements.

L'amortissement pose un problème pour l'évaluation du produit intérieur. En effet, une mesure exacte de la valeur ajoutée devrait déduire de la production la totalité des consommations intermédiaires, y compris la consommation du capital fixe. Mais l'amortissement comptable pratiqué par les entreprises ne mesure pas la consommation effective du capital. Son montant est en effet fortement influencé par des critères de gestion ou des contraintes fiscales. Dans la mesure où l'évaluation de la consommation annuelle des équipements à l'échelle nationale reste délicate et imprécise, la comptabilité nationale, en France comme dans les pays étrangers, préfère ne pas déduire la consommation du capital et calculer des valeurs ajoutées *brutes*. Le PIB est donc une somme des valeurs ajoutées brutes, et le terme « brut » est là pour rappeler que ce chiffre inclut la consommation du capital, qui ne constitue pas une production mais une charge. Ainsi, le PIB n'indique pas correctement le *niveau* du PIB. Mais l'erreur commise en incluant la consommation du capital n'est pas sensiblement différente d'une année à l'autre. Aussi, le pourcentage de variation annuelle du PIB reste un indicateur correct de la *croissance* effective du produit intérieur.

• ***Facteur fixe et facteur variable***

Confrontée à des augmentations ou des diminutions de son activité, l'entreprise cherche à adapter le volume des facteurs à ses besoins. Toutefois, à court terme, on considère le plus souvent que seul le facteur travail est variable. En effet, l'entreprise peut rarement modifier du jour au lendemain les équipements, les techniques et les méthodes de production.

En revanche, elle peut adapter la quantité de travail en jouant sur la durée journalière ou hebdomadaire du travail ou sur le nombre d'employés : embauche, contrats à durée déterminée, travailleurs intérimaires, chômage technique, licenciement, etc. En outre, les décisions sur le facteur capital sont moins réversibles que celles portant sur la quantité de travail. Imaginons une entreprise dont les débouchés augmentent, et qui envisage d'investir dans de nouveaux équipements pour développer ses capacités de production. Avant cela, elle doit s'assurer que le mouvement de la demande est durable. Elle risque en effet de se retrouver avec des équipements inutilisés si les débouchés régressent rapidement vers leur niveau initial. Pour toutes ces raisons, on estime que dans la plupart des cas, les producteurs commencent par ajuster la quantité de travail.

A *moyen et long terme,* en revanche, confrontées à des modifications durables de leur environnement, les entreprises modifient les deux facteurs de production. Si elles accroissent ou réduisent les deux facteurs dans les mêmes proportions, on parle d'un *changement d'échelle* (ou de taille) : la capacité de production varie, mais la méthode de production et le rapport capital/travail restent inchangés. Si les producteurs modifient le rapport capital/ travail, on parle alors, selon les cas, de *substitution du capital au travail* ou de *substitution du travail au capital.*

b) La productivité

Les facteurs peuvent contribuer plus ou moins intensément à la production. On désigne l'intensité de leur contribution par le concept de *productivité* (on emploie aussi le terme équivalent de *rendement*).

La *productivité moyenne* est obtenue en divisant la production totale par la quantité de facteur utilisé. La productivité du travail est ainsi un produit moyen par heure de travail et la productivité du capital un produit moyen par franc investi dans le capital. Bien entendu, les facteurs contribuent *conjointement* à la production. Aussi, quand on calcule la productivité du travail, par exemple, il ne s'agit que d'une productivité *apparente* du travail, car on attribue au facteur travail la totalité d'une production qu'il n'a pu engendrer qu'en combinaison avec une certaine quantité de capital.

La *productivité marginale* est la productivité de la dernière unité de facteur utilisée. Autrement dit, elle indique *l'augmentation de la production* entraînée par l'emploi d'une unité de facteur supplémentaire.

On parle de productivité *physique* quand on mesure la *quantité* de biens produits par unité de facteur (heure de travail, franc investi en capital, ou toute unité jugée pertinente) ; on parle de productivité *en valeur* si on mesure la valeur monétaire des biens produits par unité de facteur.

• ***La loi des rendements décroissants***

Comment évolue la productivité quand l'entreprise développe sa production ? A court terme, l'entreprise augmente la production en utilisant plus de travail avec une quantité de capital et des techniques inchangées. Or, il existe nécessairement un volume idéal de travail pour lequel les équipements ont été conçus et assurent la productivité maximale. Si l'entreprise utilise une quantité de travail inférieure à ce volume optimal, elle ne tire pas le meilleur parti des équipements disponibles et la productivité augmente à chaque fois qu'elle utilise plus de travail. Mais une fois atteint et dépassé le rapport capital/travail idéal, le développement de la force de travail ne peut que réduire la productivité : les équipements ont une durée d'utilisation journalière ou hebdomadaire idéale au-delà de laquelle leur rendement diminue et les incidents de fonctionnement se multiplient ; en outre, chaque travailleur se retrouve avec un volume moyen d'équipement de plus en plus faible, ce qui finit inéluctablement par réduire sa productivité. En théorie, on peut même atteindre un stade où il y a vraiment trop de travail par rapport au volume de capital disponible et où les travailleurs supplémentaires gênent les autres plus qu'ils ne les aident : leur productivité est négative (ils font baisser la production) ! Ainsi, une entreprise de transports routiers peut augmenter sa production en mettant un second chauffeur dans un camion effectuant de longs trajets : pendant que l'un dort huit heures, l'autre conduit huit heures, et ainsi de suite. Un troisième chauffeur peut permettre un roulement moins éprouvant pour les individus, mais il n'augmentera certainement pas la performance totale autant que le deuxième chauffeur. Une chose est certaine, en tout cas : à partir du cinquième ou du sixième chauffeur, le camion finit dans un ravin, à moins qu'on ne remplace les marchandises transportées par des chauffeurs !

Les entreprises rationnelles poussent l'utilisation du travail au moins jusqu'au point où la productivité décroît, mais jamais au-delà du point où elle devient négative. Elles se situent donc toujours dans une phase de rendements décroissants. *Pour un état donné des techniques et du capital disponible, la productivité du travail est donc normalement décroissante.*

• ***L'évolution de la productivité à long terme***

A long terme, en revanche, les producteurs peuvent échapper à la fatalité des rendements décroissants en modifiant les deux facteurs de production.

L'entreprise peut tout d'abord augmenter le capital et le travail dans les mêmes proportions : on multiplie par un même coefficient la quantité de travail et le volume d'équipements mis à la disposition des travailleurs ; on augmente ainsi l'échelle de production, mais le modèle technique est fondamentalement inchangé. Pour notre entreprise de transports routiers, cela revient à acheter de nouveaux camions en embauchant les chauffeurs correspondants. Si la production progresse alors plus vite que le volume des facteurs, la productivité globale des facteurs est améliorée : on dit que les rendements sont *croissants à l'échelle* ou encore que l'entreprise réalise des *économies d'échelle.* Si la production augmente dans les mêmes proportions que les facteurs, les rendements sont *constants à l'échelle.* Enfin, si la production se développe plus lentement que la quantité de facteurs utilisée, les rendements sont *décroissants à l'échelle* (la productivité globale des facteurs diminue) ; il se produit donc des *déséconomies d'échelle.*

Les économies d'échelle tiennent pour l'essentiel à trois facteurs. Premièrement, une taille et un nombre de travailleurs plus importants permettent une meilleure *division du travail* : on peut plus aisément spécialiser les individus et les différents départements de l'entreprise dans les tâches pour lesquelles ils sont les plus performants. Deuxièmement, on peut répartir les coûts fixes de direction, de gestion et d'administration de l'entreprise sur un volume de production plus élevé : quand on double le personnel et les équipements d'une société, il ne sera pas le plus souvent nécessaire de doubler le nombre de directeurs dans les différents départements (commercial, financier, administratif, technique). Troisièmement, le développement de l'échelle de production permet de mettre en place des techniques et des équipements plus performants, qui étaient inadaptés pour des volumes de production restreints.

Toutefois, les économies d'échelle ne sont pas éternelles. Le gigantisme présente aussi des inconvénients. Au-delà d'une certaine taille, l'entreprise s'expose à des déséconomies d'échelle liées à la complexité croissante de la gestion, à la lenteur des processus de décision, aux difficultés de communication entre les différents services, aux coûts de transport provoqués par la multiplication des établissements séparés géographiquement, etc.

Entre les économies et les déséconomies d'échelle, il existe en théorie une *échelle minimum efficace* vers laquelle tend l'entreprise rationnelle : la taille qui assure la productivité moyenne la plus forte à long terme pour une technique donnée. Au-delà de ce point, les rendements d'échelle sont décroissants et l'entreprise ne peut plus améliorer la productivité dans le cadre du modèle technique qui est le sien. Les producteurs sont alors incités à *innover,* c'est-à-dire à mettre en place de nouvelles techniques et/ou une nouvelle organisation de la production pour échapper une fois encore à la fatalité des rendements décroissants. Le *progrès technique* permet d'élever la productivité globale en améliorant la qualité (et non la quantité) des facteurs et/ou l'efficacité des méthodes de combinaison des facteurs.

c) La demande de facteurs : principes généraux

Les entreprises demandent du travail et du capital en raison de leur productivité. Mais les facteurs ne sont pas gratuits et les producteurs comparent bien entendu ce que les facteurs rapportent (la productivité) et ce qu'ils coûtent. Ils recherchent donc un certain équilibre entre coûts des facteurs et productivité, équilibre dont nous allons décrire le principe général avant d'en discuter l'application au travail, puis au capital.

• ***L'équilibre coût-productivité***

L'utilisation d'une unité de facteur de production entraîne pour l'entreprise un flux de revenu équivalent à sa productivité en valeur, c'est-à-dire à la quantité de biens produite par cette unité de facteur, multipliée par le prix de vente des biens. L'entreprise cherche à maximiser le profit. Tant que la productivité en valeur d'un facteur progresse plus vite que son coût, le profit augmente lorsqu'on utilise plus intensément ce facteur : la demande de ce facteur est donc stimulée. Inversement, si la productivité d'un facteur augmente moins vite que son coût, le profit diminue et la demande de ce facteur est découragée. Le profit est donc maximum quand la productivité progresse juste au même rythme que le coût du facteur.

En termes plus techniques, l'économiste appelle l'augmentation de la production par unité de facteur « productivité marginale ». De même, l'augmentation du coût du facteur est le « coût marginal du facteur ». La condition d'équilibre est donc :

Productivité marginale en valeur = coût marginal du facteur.

Partant d'une position d'équilibre de l'entreprise (où son profit est maximum), si, toutes choses étant égales par ailleurs, le coût du facteur augmente, l'équilibre entre coût et productivité est rompu et l'entreprise utilise moins de ce facteur, devenu moins profitable. Inversement, une diminution du coût du facteur de production pour une productivité inchangée incite à utiliser davantage de ce facteur. *La demande d'un facteur est donc une fonction décroissante de son coût, toutes choses étant égales par ailleurs.* Parmi les choses qui ne restent pas longtemps « égales par ailleurs » se trouvent les débouchés de l'entreprise sur le marché. Bien entendu, pour un coût des facteurs inchangé, toute élévation de la demande de biens qui se traduit par une augmentation des prix de vente, et donc de la productivité en valeur des facteurs, incite à utiliser davantage de ces facteurs.

• ***Le coût des facteurs***

– *Le coût du travail* comprend l'ensemble des rémunérations versées aux travailleurs sous diverses formes (salaires, primes, honoraires) et des cotisations aux différents régimes de sécurité sociale. Dans le discours théorique et dans ce qui suit, on regroupe la totalité du coût du travail sous le terme de « salaire ». Rappelons que *le salaire nominal* est pour l'entreprise le montant monétaire qu'elle verse effectivement aux travailleurs et à la sécurité sociale. Le *salaire réel* est équivalent au salaire nominal divisé par le prix de vente des biens et services [cf. **2. A.** ***a)*** ci-dessus].

– *Le coût du capital* est habituellement mesuré par le taux d'intérêt. En effet, certaines entreprises doivent emprunter des fonds auprès des banques ou sur le marché financier pour investir dans des biens d'équipement ou des stocks. Le coût d'utilisation du capital est alors équivalent au taux d'intérêt, c'est-à-dire au *loyer de l'argent* que les investisseurs doivent payer aux agents qui leur prêtent les fonds nécessaires. Le taux d'intérêt constitue également le coût du capital pour les entreprises qui autofinancent leurs investissements, c'est-à-dire qui les financent avec leurs propres ressources (les profits) et non à l'aide de ressources empruntées. En effet, l'entreprise qui investit ses revenus dans la constitution de capital fixe ou variable immobilise des fonds qu'elle pourrait utiliser autrement. Le *coût d'opportunité* d'un investissement est donc représenté par le meilleur taux d'intérêt qu'elle pourrait obtenir en plaçant une somme équivalente sur le marché financier. Comme pour le facteur travail, on peut définir un *coût nominal* du capital par le taux d'intérêt et un *coût réel* du capital par le *taux d'intérêt réel* [cf. **2. B.** ***b)*** ci-dessus].

d) La demande de travail

Pour déterminer la demande d'un facteur, nous avons expliqué qu'il fallait comparer la productivité en valeur et le coût du facteur. En règle générale, les économistes effectuent cette comparaison en termes réels, c'est-à-dire que l'on rapproche l'évolution de la productivité physique et du coût réel du facteur. Autrement dit, on divise par le prix du bien les deux termes de l'équilibre (productivité en valeur-coût nominal du facteur). Cela revient à comparer la quantité de biens produite par une unité de facteur supplémentaire et la quantité de biens qu'il faut vendre pour payer la rémunération de ce facteur. Appliquons cette démarche au facteur travail.

• ***La vision traditionnelle de la demande de travail***

La condition de profit maximum pour l'entreprise est que la productivité physique du travail progresse au même rythme que le salaire réel. En effet, si le salaire réel payé pour une heure dépasse la productivité réelle de cette heure de travail, l'entreprise perd de l'argent et renonce à utiliser cette heure de travail. En revanche, si la productivité horaire est supérieure au salaire réel horaire, le profit s'améliore et l'employeur est incité à utiliser davantage de travail. La quantité de travail demandée varie donc en sens inverse du salaire réel : *la demande de travail est une fonction décroissante du salaire réel.*

Cette loi est renforcée à long terme dans la mesure où les producteurs peuvent modifier le volume de capital et sont donc moins dépendants du seul facteur travail pour s'adapter aux variations de leur volume d'activité. Si le coût du travail progresse moins vite que le coût du capital (le coût relatif travail/capital diminue), les entreprises sont incitées à utiliser des méthodes de production utilisant plus intensivement le travail. Inversement, si le coût du travail progresse plus vite que celui du capital, les employeurs seront attirés par des méthodes plus intensives en capital et ils substitueront du capital au travail.

La loi de la demande de travail a également des conséquences importantes quant au comportement des employeurs dans la fixation des salaires. Elle implique en particulier que toute réduction de la productivité du travail provoquée par une réduction sensible des ventes de l'entreprise devrait inciter celle-ci à abaisser les salaires réels pour rétablir l'équilibre salaire-productivité. Or, dans la réalité, les fluctuations de la productivité du travail n'entraînent pas toujours un ajustement équivalent des salaires. L'analyse économique recense plusieurs raisons qui expliquent cette déconnexion entre salaire et productivité. Trois théories indépendantes mais complémentaires se sont développées à ce sujet : elles concernent les *investissements en capital humain*, les *contrats implicites*, le *salaire d'efficience*.

• ***Trois visions complémentaires de la demande de travail***

– La *théorie du capital humain* souligne que la productivité des travailleurs dépend pour une part importante de leur expérience dans l'entreprise et à leur poste de travail dans cette entreprise, tandis que leur salaire dépend surtout du salaire payé dans les autres entreprises. En effet, en début de carrière, un employeur doit offrir au travailleur un salaire équivalent au prix de marché, c'est-à-dire au salaire moyen habituellement payé par les autres entreprises pour un certain emploi. Mais une part importante des connaissances nécessaires dans cet emploi est souvent spécifique à l'entreprise, qui utilise des équipements particuliers et des méthodes de production qui lui sont propres. Le nouvel employé doit acquérir par l'expérience des connaissances impossibles à acquérir à l'école ni dans les autres entreprises. Il doit en outre s'adapter aux autres membres de son équipe de travail. D'autres travailleurs doivent souvent lui consacrer du temps pour lui faire partager leur expérience ou contrôler son travail. Tout cela implique que, dans une première phase, la productivité effective du travailleur est très faible, et largement en deçà du salaire réel que l'employeur est obligé de payer pour l'attirer. L'entreprise subit donc un coût en acceptant de rémunérer des débutants plus qu'ils ne lui rapportent. Mais il s'agit là d'un *investissement en capital humain* que l'entreprise récupère ensuite, quand le travailleur est expérimenté. En effet, pour retenir un employé expérimenté, l'entreprise doit lui payer le salaire qu'il pourrait obtenir ailleurs et qui correspond à la productivité moyenne qu'il aurait dans une autre entreprise. Mais, précisément parce qu'il connaît parfaitement les caractéristiques spécifiques à son entreprise, il a une productivité nettement supérieure à celle qu'il aurait ailleurs. En conséquence, la productivité des travailleurs expérimentés dépasse leur salaire : l'entreprise récupère ainsi *le rendement de son investissement* passé. On en déduit qu'aux différents stades de la vie professionnelle, le salaire n'est pas, le plus souvent, équivalent à la productivité : supérieur en début de carrière, il lui est inférieur ensuite.

– La *théorie des contrats implicites* montre que les employeurs offrent implicitement aux travailleurs un *contrat d'assurance* contre les aléas de la conjoncture. Dans les périodes de faible activité, où la productivité diminue en deçà du salaire réel, les entreprises conservent de nombreux travailleurs sans modifier leur salaire. Elle leur verse en quelque sorte une *indemnité d'assurance* contre le ralentissement de l'activité économique. Mais, dans les périodes de forte activité, où la productivité augmente rapidement, les entreprises maintiennent le salaire en deçà de la productivité et empochent ainsi *une prime d'assurance*. Les entreprises stabilisent le revenu des travailleurs par rapport à la conjoncture. Elles ne le font pas par philanthropie mais tout simplement parce que les individus ont une préférence pour la stabilité du revenu et sont disposés à payer quelque chose en contrepartie de cette stabilité : ils acceptent des salaires moyens plus faibles. Une entreprise qui annonce des salaires fluctuant au jour le jour selon la conjoncture a beaucoup de mal à attirer les travailleurs, et doit leur offrir des salaires beaucoup plus élevés que si elle garantit un revenu stable. La maximisation du profit commande donc à la plupart des entreprises de garantir une certaine stabilité des salaires par rapport aux fluctuations de la productivité.

– Enfin, *la théorie du salaire d'efficience* montre que, dans bien des cas, la productivité des travailleurs est affectée par les variations du salaire. En offrant sa force de travail, l'individu met à la disposition de l'employeur non seulement une partie de son temps, mais aussi un certain degré d'effort et d'application dans son travail. Il est raisonnable de penser que l'effort dépend pour une part du sentiment que l'individu a d'être justement payé par son employeur. Si ce dernier abaisse les salaires pour s'adapter à un recul de la productivité provoqué par un recul des ventes, les salariés qui acceptent la baisse des salaires pour éviter leur licenciement peuvent néanmoins réagir en diminuant leur effort. Dans ce cas, la productivité du travail baisse encore davantage et l'équilibre salaire-productivité est à nouveau rompu. Mais l'employeur ne pourra plus justifier de nouvelles baisses de salaires par le recul des ventes, et il devra explicitement invoquer le laxisme de ses employés, il s'expose alors à un conflit ouvert avec ses salariés, qui engendre des coûts (grèves) et dont l'issue est risquée ; de toute façon, s'il parvient à baisser à nouveau les salaires, les travailleurs réduiront plus encore leur effort, et ainsi de suite. L'employeur rationnel anticipe ce type de réaction et peut préférer le coût certain associé à un salaire réel momentanément trop élevé, aux coûts incertains associés à un processus conflictuel de baisses de salaires successives lancées à la poursuite d'une productivité de plus en plus faible. Le plus souvent, il n'est pas rentable à long terme de remettre en cause l'accord et, éventuellement, la relation de confiance qui prévaut entre l'employeur et ses employés tant que la récession est perçue comme un phénomène temporaire auquel succédera une reprise de l'activité.

Les trois théories évoquées ci-dessus ont une conséquence commune. A court terme, il est fréquent que le salaire évolue indépendamment des fluctuations de la productivité, parce que tel est l'intérêt des employeurs lorsqu'ils souhaitent maintenir une relation de long terme avec leurs employés. Les entreprises n'ont d'intérêt évident à ajuster les salaires sur la productivité que dans deux cas de figure :

– quand elles sont totalement indifférentes à la personnalité des travailleurs employés, tout individu étant considéré comme équivalent à n'importe quel autre ; il peut en être ainsi avec du travail peu qualifié ne demandant guère de connaissances et d'expérience spécifiques à l'entreprise ; cette dernière ne cherche pas alors à établir une relation de long terme avec des individus particuliers ;

– à long terme, quand une récession est suffisamment profonde et longue pour convaincre l'employeur que les bases de ses précédents accords implicites ou explicites avec les travailleurs sont définitivement irréalistes ; dans ce cas d'ailleurs, les travailleurs eux-mêmes finiront par percevoir les transformations de l'environnement économique de leur entreprise et par accepter de renégocier les salaires pour les ajuster au nouveau rythme de la productivité.

e) La demande de capital ou l'investissement

L'investissement est l'acquisition de nouveaux biens d'équipement et l'augmentation des stocks. L'achat de biens d'équipement peut servir à remplacer le capital existant au fur et à mesure qu'il est amorti *(investissement de remplacement)* ou à accroître la capacité de production *(investissement de capacité)*. La demande de capital obéit au même principe général que la demande de travail. La valeur réelle des produits supplémentaires apportés par l'investissement est comparée au coût réel du capital investi, c'est-à-dire au taux d'intérêt réel. Mais les entreprises n'investissent que dans la mesure où il existe des débouchés pour les produits supplémentaires apportés par l'investissement. Ce dernier dépend donc également du volume d'activité.

• ***L'influence du taux d'intérêt réel***

Plus les taux d'intérêt réels sont élevés, plus le coût des fonds empruntés pour financer l'investissement est important. Pour les entreprises qui financent l'investissement sur leurs fonds propres, il faut comparer le *taux de rendement interne* des capitaux, c'est-à-dire ce qu'ils vont effectivement rapporter s'ils sont investis dans l'entreprise, avec le taux d'intérêt réel, qui mesure ce que les capitaux rapporteront s'ils sont placés sur les marchés financiers. Plus les taux d'intérêt sont élevés, plus l'entreprise est incitée à investir sur les marchés financiers et plus les projets d'investissement doivent présenter un taux de rendement interne élevé pour être retenus. Inversement, un taux d'intérêt peu élevé favorise des investissements dont le taux de rendement est relativement faible. Ce raisonnement est valable aussi bien pour les achats de biens d'équipement que pour la constitution de stocks. Les stocks représentent des fonds immobilisés qui pourraient être placés au taux d'intérêt disponible sur le marché. Plus les taux sont élevés, plus les entreprises sont incitées à réduire leurs stocks, et inversement.

Ainsi, on peut faire l'hypothèse que, toutes choses étant égales par ailleurs, *l'investissement est une fonction décrois-*

sante des taux d'intérêt réels. Une hausse des taux freine l'investissement tandis qu'une baisse des taux le stimule.

• ***L'influence du volume d'activité et l'accélérateur***

Il ne suffit pas d'un taux d'intérêt réel peu élevé pour que les entreprises développent leur capacité de production et gonflent leurs stocks. La demande de capital dépend aussi de la façon dont les entreprises anticipent la demande pour les biens supplémentaires qu'elles vont produire grâce aux investissements : cela vaut pour les stocks comme pour les biens d'équipement.

En effet, le stock idéal de matières premières et de produits intermédiaires nécessaires pour garantir un approvisionnement régulier du processus de production est déterminé pour un volume d'activité donné. De même, le niveau des stocks de produits finis est adapté à un rythme donné des ventes. Certes, les stocks peuvent être maintenus au même niveau face à des variations modérées de l'activité de l'entreprise. Mais une accélération significative de cette activité nécessitera souvent un gonflement des stocks, tandis qu'un ralentissement marqué de l'activité incitera l'entreprise à liquider une partie de ses stocks.

De même, l'achat de biens d'équipement dépend du volume d'activité anticipé par les producteurs. Si la demande régresse et si les anticipations des entreprises sur le volume d'activité sont pessimistes, certaines opérations de renouvellement du matériel usagé peuvent être retardées et certains projets de développement des capacités de production, annulés.

L'analyse économique résume traditionnellement l'influence du niveau d'activité sur l'investissement en considérant que les producteurs cherchent à maintenir un certain rapport stable entre leur capital (stocks et équipements) et la production. A l'échelle de la nation, cela revient à dire qu'il existe un rapport stable entre le stock de capital et le PIB ; on appelle ce rapport capital/PIB le *coefficient de capital*. En conséquence, toutes choses étant égales par ailleurs, l'investissement réagit directement et dans le même sens aux variations du PIB. Cette analyse est connue sous le nom de *théorie de l'accélérateur* car elle implique un phénomène d'accélération de l'investissement : les fluctuations de l'investissement sont toujours plus rapides que celles du PIB. Un exemple très simple permet de comprendre pourquoi.

Prenons une économie industrielle quelconque où le coefficient de capital est de 2, c'est-à-dire que le volume de capital disponible dans toute l'économie (K) est équivalent à deux fois le produit intérieur de l'année. Le taux moyen de consommation du capital est de 5 % ; cela implique chaque année des investissements de remplacement représentant 5 % du stock de capital en place en début d'année. On part de la fin d'une année 1 où le PIB vaut 1 000, le stock de capital, 2 000 (2 x PIB), l'investissement de capacité, 100. Le stock de capital en début d'année était donc égal à 2 000 – 100 = 1 900 ; l'investissement de remplacement durant l'année 1 est donc égal à 95 (5 % de 1 900) ; ce dernier n'augmente pas le stock de capital, il le maintient seulement en état de fonctionnement.

			Investissement		
	PIB	**Capital**	**remplac^{t}**	**capacité**	**total**
Fin d'année 1	1 000	2 000	95	100	195
Fin d'année 2	1 100	2 200	100	200	300
Fin d'année 3	1 133	2 266	110	66	176

Durant l'année 2, le PIB connaît une croissance exceptionnelle de 10 % (peu réaliste sans doute, mais bien pratique pour nos calculs). L'investissement de remplacement est égal à 100 (5 % de 2 000). Pour maintenir un stock de capital adapté au nouveau PIB (2 000 = 2 x 1 100), il faut en outre augmenter le stock de capital de 200. L'investissement total passe donc de 195 à 300, soit une augmentation de 53,8 %, alors que le PIB a progressé de « seulement » 10 %.

L'amplification des fluctuations de l'investissement par rapport à celle du PIB apparaît bien entendu à la baisse comme à la hausse. Ainsi, admettons que durant l'année 3, le taux de croissance du PIB redescende à 3 %. Le nouveau PIB est donc égal à 1 133 et le nouveau stock de capital est de 2 266 (2 x PIB). Un investissement de capacité de 66 est donc suffisant pour adapter le stock de capital au niveau souhaité. Un simple ralentissement du taux de croissance (et non du niveau) du produit intérieur entraîne ainsi une baisse du niveau de l'investissement de 300 à 176, soit un recul de 41,3 % !

Dans l'économie réelle, les fluctuations de l'investissement sont rarement aussi violentes que dans notre exemple numérique simple. Mais il demeure que, dans la réalité, l'investissement accuse le plus souvent des fluctuations beaucoup plus accusées que la production.

Au total, nous retiendrons que *la demande d'investissement est une fonction décroissante du taux d'intérêt réel et une fonction croissante du produit intérieur.*

C. Les entreprises offrent des biens et services

Les entreprises utilisent des facteurs de production et produisent en vue d'offrir des biens et des services sur les différents marchés. Nous étudierons d'abord le comportement d'offre des entreprises sur un marché particulier, avant d'examiner les conséquences de ces comportements pour l'offre globale au niveau de l'économie nationale.

a) L'offre sur un marché particulier

On peut distinguer deux situations selon le degré de concurrence auquel les entreprises sont confrontées. Si elles interviennent dans un secteur où la concurrence est extrême, leur marge de manœuvre en matière de prix est inexistante ; elles sont obligées de pratiquer le même prix que les concurrents ; le prix est une donnée imposée par le marché, et l'entreprise peut seulement choisir le volume de sa production (cf. chapitre suivant pour les mécanismes du marché). En revanche, moins la concurrence est vive sur le marché, plus l'entreprise retrouve une certaine liberté dans la fixation de son prix ; elle choisit à la fois le volume de production et le prix. Nous examinerons successivement ces deux situations.

• ***L'offre dépend du prix de marché***

Si l'entreprise n'a aucun pouvoir sur le prix de vente, elle doit simplement déterminer le volume de production qui lui procure le profit maximum. Intuitivement, tout le monde se doute que plus le prix de vente est élevé, plus l'entreprise est incitée à produire. Mais cela n'est vrai que si les coûts n'augmentent pas plus vite que le prix de vente. Le lecteur peut éventuellement se contenter de retenir que *l'offre est une fonction croissante du prix,* et passer à la section suivante. Mais, au prix d'un petit effort d'abstraction, on peut montrer pourquoi ce résultat intuitif est une conséquence logique et inéluctable de la maximisation du profit.

Le profit est la différence entre les recettes et les coûts de production. Chaque unité produite entraîne une recette supplémentaire, la *recette marginale,* et un coût de production supplémentaire, le *coût marginal*. Tant que la recette marginale est supérieure au coût marginal, l'entreprise a intérêt à produire une unité supplémentaire. La question est donc de savoir comment évoluent les recettes et les coûts quand l'entreprise développe sa production.

Pour les recettes, la réponse est simple : chaque unité supplémentaire que le producteur vend sur le marché lui rapporte le prix de marché. La recette marginale est donc toujours la même, quelle que soit la quantité vendue : elle est égale au prix.

Qu'en est-il des coûts de production ? Pour développer sa production, l'entreprise doit utiliser davantage de travail, qu'elle va payer au taux de salaire actuellement pratiqué sur le marché du travail. Admettons que la variation minimum de la force de travail totale employée soit d'un travailleur salarié. Le coût de production d'une unité de bien supplémentaire (le coût marginal) est alors égal au salaire de ce travailleur divisé par la quantité de biens supplémentaires qu'il permet de produire. Plus la productivité de ce travailleur est forte, plus on répartit le coût du travail sur un grand nombre d'unités produites et plus le coût unitaire de production est faible. Inversement, une productivité médiocre contraint à répartir le coût du travail sur une quantité réduite de biens, et le coût unitaire est élevé. Ainsi, *les coûts de production évoluent en sens inverse de la productivité.*

Nous avons montré plus haut que, à court terme, la productivité du travail est normalement décroissante (loi des rendements décroissants) ; en conséquence, le coût marginal est normalement croissant. Tant que le coût marginal est inférieur au prix de vente, la recette de l'entreprise augmente plus vite que ses coûts, le profit s'améliore et l'entreprise a intérêt à développer sa production. L'entreprise qui cherche le profit maximum continue donc à produire jusqu'au moment où le coût d'une unité supplémentaire de production est égal au prix de vente. Le coût marginal doit être égal au prix. L'entreprise s'arrête là car, au-delà, les coûts progressent plus vite que les recettes, et le profit diminue.

Une fois cette production atteinte, on dit que l'entreprise est *en situation d'équilibre* : il n'existe plus aucune incitation à modifier le volume de production, pour un prix de marché donné.

Mais le prix de vente sur le marché peut varier. Si, alors qu'on part d'une situation d'équilibre, le prix de vente augmente, les recettes progressent à nouveau plus vite que les coûts et le producteur relève sa production jusqu'à un nouvel équilibre. Inversement, si le prix de vente diminue, les recettes progressent moins vite que les coûts et le profit diminue. Les dernières unités produites le sont désormais à un coût qui dépasse le prix de vente et cessent d'être rentables ; leur production doit donc être abandonnée. On démontre ainsi formellement que l'offre de biens est une fonction croissante du prix.

• ***L'action sur les prix***

Comme nous l'expliquerons davantage au chapitre suivant, sur bon nombre de marchés, le degré de concurrence est loin d'atteindre le stade où l'entreprise ne dispose d'aucune autonomie dans la fixation de son prix de vente. Par ailleurs, la concurrence ne s'exerce pas qu'au travers du prix mais aussi par le biais des caractéristiques du produit, des services à la clientèle et de la communication. Dans bien des cas, le producteur dispose donc d'une certaine marge de manœuvre pour fixer son prix de vente.

Concrètement, l'objectif étant de réaliser un profit, l'entrepreneur fixe un prix qui couvre le coût moyen de production plus une marge. Le problème de l'entrepreneur est donc de fixer correctement son *taux de marge* ; ce choix reflète un arbitrage entre la *profitabilité* à court terme et la *compétitivité* à long terme.

Une hausse du taux de marge peut éventuellement améliorer la profitabilité à court terme. Imaginons un producteur qui vend habituellement 100 unités d'un bien pour un prix de 10 F qui se décompose en 8 F de coût moyen et 2 F de marge ; il réalise donc un profit de 200 F. Si l'élasticité de la demande est égale à – 2, une hausse de prix de 10 % entraîne une diminution de la demande de 20 %. Si le producteur élève son prix à 11 F (10 % de hausse), ses ventes tombent à 80 unités (20 % de baisse), mais sa marge unitaire est passée de 2 à 3 F et son profit total de 200 à 240 F (80 x 3 F). Ainsi, moins la demande est élastique et plus le producteur a intérêt à rechercher le prix le plus élevé qui maximise son profit. Mais la demande est toujours plus élastique à long terme qu'à court terme : un prix élevé peut, à la longue, inciter les acheteurs à chercher d'autres fournisseurs, ou inciter de nouveaux producteurs à prendre une part de ce marché rentable en offrant des prix plus bas. En un mot, l'accroissement de la profitabilité à court terme se paie à long terme en *perte de compétitivité* vis-à-vis de la concurrence nationale ou internationale, et peut induire une *réduction de la part de marché* et, finalement, des profits. Quand la demande est fortement élastique et que la concurrence potentielle est assez vive, les producteurs sont plus préoccupés par leur part de marché et leur profit à long terme. En revanche, une demande peu élastique et un relâchement de la pression concurrentielle peuvent inciter à privilégier la profitabilité à court terme.

b) L'offre globale

Nous avons vu que l'offre *d'un bien* sur un marché particulier est une fonction croissante du prix de vente de ce bien. Nous nous demandons à présent comment évolue l'offre globale (de *tous les biens et services* confondus) dans l'économie nationale lorsque le *niveau général des prix* varie. Intuitivement, on est tenté de dire que la hausse du niveau général des prix stimule l'offre globale, mais on ne peut transposer aussi simplement à l'ensemble de l'économie le résultat obtenu sur un seul marché. Revenons un instant sur l'offre d'un bien particulier. Pourquoi augmente-t-elle quand le prix s'élève ? Parce qu'alors le prix passe au-dessus du coût unitaire de production et que le développement de la production améliore le profit. Mais cela suppose, d'une part, que les entreprises puissent trouver du travail disponible pour produire davantage et, d'autre part, que le recrutement de ces travailleurs supplémentaires ne nécessite pas des hausses de salaires proportionnelles à la hausse du prix. Ces deux conditions sont plus faciles à remplir au niveau microéconomique (une entreprise ou un marché particulier) qu'au niveau de l'économie nationale.

• Les facteurs déterminant l'offre globale

En effet, il y a toujours des travailleurs qui cherchent à changer d'entreprise, de région, de poste ou de secteur d'activité, et qui sont disponibles pour d'autres entreprises ou d'autres secteurs, au taux de salaire courant habituellement payé pour leur niveau de qualification et d'expérience. Il existe des entreprises ou des secteurs dont le volume d'activité régresse et qui libèrent de la main-d'œuvre pour les producteurs qui souhaitent développer leur production. Une entreprise ou un secteur particuliers peuvent donc attirer plus de travail sans exercer de fortes pressions sur la demande globale de travail et les salaires : leur demande de travail supplémentaire est en partie compensée par la réduction de la demande de travail dans d'autres entreprises ou secteurs.

En revanche, il est bien plus difficile de trouver à un salaire inchangé plus de travail pour *toutes* les entreprises et *tous* les secteurs de production à la fois. Un développement de l'offre globale implique une demande de travail plus importante dans l'ensemble de l'économie. Cette pression de la demande globale de travail doit logiquement pousser le prix du travail (le salaire) à la hausse. Un autre facteur peut entraîner les salaires nominaux à la hausse. Si le niveau général des prix s'élève, le pouvoir d'achat des travailleurs diminue. Si ces derniers anticipent correctement l'inflation en cours, ils exigeront des hausses de salaires compensatrices. Ce problème n'existe pas au niveau microéconomique : la hausse du prix des composants électroniques abaisse le coût réel du travail pour l'entreprise et l'incite à développer l'emploi, mais elle ne change pas vraiment le pouvoir d'achat des salariés, qui continueront d'offrir leur travail pour un même salaire nominal.

En revanche, au niveau macroéconomique, l'amélioration des profits autorisée par la hausse des prix de vente se trouve en partie compromise par l'élévation du coût du travail, ce qui réduit l'incitation à accroître l'offre de biens. La réaction de l'offre globale à une hausse du niveau général des prix dépend donc de la réaction des salaires au développement de la demande de travail qui, à son tour, dépend de l'état du marché du travail ; elle dépend aussi de la façon dont les travailleurs anticipent et réagissent à la hausse du niveau général des prix. On peut alors distinguer trois cas de figure : deux cas extrêmes et un cas « normal ».

• ***Trois cas de figure***

1. *Premier cas extrême : l'offre globale parfaitement élastique.* Il existe un chômage massif et des équipements largement inutilisés. Les travailleurs qui ont perdu leur emploi sont disposés à reprendre un travail sans exiger de hausse des salaires. Les producteurs peuvent donc à tout moment augmenter la production sans investissements supplémentaires et en utilisant la main-d'œuvre sous-employée à un taux de salaire inchangé. Elles peuvent offrir plus de biens et services en maintenant un coût unitaire de production constant. Dans ces conditions, toute augmentation de la production élève les profits même si les entreprises ne relèvent pas leurs prix. Dans une situation de ralentissement dramatique du volume d'activité, on peut donc s'attendre à ce que les entreprises saisissent toute occasion de produire davantage à un prix inchangé. Si la demande repart, l'offre globale peut donc progresser instantanément sans élévation du niveau général des prix.

2. *Cas normal : l'offre globale croissante.* Il n'y a pas assez de chômeurs disposés à travailler sans hausse de salaires pour qu'il soit possible de développer la production sans augmenter les coûts unitaires de production. Une progression de la production globale entraîne une augmentation de la demande de travail qui pousse les salaires nominaux à la hausse : il faut relever les salaires pour attirer de nouveaux individus sur le marché du travail, inciter ceux qui ont un emploi à allonger la durée du travail ou convaincre les individus à la recherche d'un travail d'accepter plus rapidement les emplois proposés. Pour produire plus, les entreprises devront donc payer le travail plus cher et pratiquer des prix plus élevés. L'offre globale augmente donc si et seulement si le niveau général des prix augmente. Dans ce cas, l'offre globale est, comme l'offre sur un marché particulier, une fonction croissante des prix.

Toutefois, la hausse des prix réduit le pouvoir d'achat des salaires nominaux et conduit les travailleurs à revendiquer des hausses de salaire. S'ils mesurent correctement l'inflation et parviennent à obtenir des hausses de rémunération équivalentes à la hausse des prix, l'incitation initiale à produire davantage peut disparaître. L'offre reste donc croissante si les travailleurs n'anticipent pas parfaitement l'inflation ou ne sont pas en mesure de défendre complètement leur pouvoir d'achat.

3. *Second cas extrême : l'offre globale rigide.* Tous les facteurs disponibles dans l'économie sont déjà pleinement employés. Il n'y a pas d'individus disposés à travailler au salaire courant et sans emploi ; les équipements sont utilisés jusqu'à la limite supérieure de leur capacité de production. On ne peut pas vraiment produire davantage de biens et services : l'offre est rigide. Toute augmentation de la demande conduit alors les entreprises à relever leurs prix sans développer la production. La hausse de prix ne stimule pas la production, parce que toute production supplémentaire exercerait une pression telle sur la demande de travail et les salaires que les coûts augmenteraient toujours plus vite que les prix. De toute façon, si les salariés anticipent correctement l'inflation, toute hausse du niveau général des prix entraîne une hausse proportionnelle des salaires nominaux si les producteurs veulent seulement maintenir le volume d'emploi à son niveau courant ; le coût réel du travail n'est donc pas réduit par la hausse des prix et il n'existe aucune incitation à produire davantage.

4. LES SOCIÉTÉS ET INSTITUTIONS FINANCIÈRES

Elles assurent l'émission, la collecte, la circulation et les échanges des différents instruments de paiement, de placement et de financement. Du point de vue de l'analyse économique, elles se divisent en deux grandes catégories :

1. *Les banques au sens large*, qui peuvent recevoir des dépôts à vue d'agents non financiers et ont le pouvoir de créer de la monnaie en créditant le compte de ces derniers ; pour la France, cela inclut les banques au sens légal du terme, la Banque de France et le Trésor public ; la Banque de France joue le rôle de *banque centrale* (cf. ci-dessous) mais elle est aussi une banque ordinaire dans la mesure où elle a des clients (particuliers, entreprises, État) ; le Trésor public

est aussi une banque ordinaire dans la mesure où il gère les comptes courants postaux (CCP) ;

2. *Les autres établissements financiers,* qui ne peuvent recevoir que des dépôts d'épargne, empruntent des ressources sur les marchés de capitaux et prêtent à d'autres agents l'épargne qu'ils se sont ainsi procurée.

Ci-dessous, nous dressons d'abord un panorama général des opérations financières. En raison de son rôle déterminant dans le fonctionnement de l'économie nationale, nous réservons ensuite une place particulière au processus de création monétaire.

A. Le rôle des opérations financières

a) Les différents types d'instruments financiers

On peut classer les différents instruments (ou actifs) financiers en trois grandes catégories : moyens de *paiement,* instruments de *placement* et de financement direct, et instruments de *crédit* (ou de financement indirect). Du point de vue de l'analyse économique, on distingue chaque instrument financier par une caractéristique fondamentale : sa *liquidité.* La liquidité est la faculté qu'a un actif financier d'être rapidement transformé en un moyen de paiement *immédiatement utilisable* pour effectuer des règlements. Dans le cas des opérations d'emprunt, la liquidité de l'instrument utilisé dépend de *l'échéance* (la date à laquelle l'emprunt doit être remboursé) et de la *faculté de négocier* l'instrument avant l'échéance, c'est-à-dire de le céder à un autre agent économique. En matière d'échéance, on distingue habituellement des instruments à court terme (de 1 jour à 2 ans), à moyen terme (de 2 à 7 ans) et à long terme (plus de 7 ans). Les instruments négociables à court ou moyen terme sont échangés sur le *marché monétaire,* et les instruments négociables à long terme, sur le *marché financier.* Le lecteur vérifiera ci-dessous que la classification des différents instruments financiers repose sur ces trois notions fondamentales : liquidité, échéance, négociabilité.

• *Les moyens de paiement*

Les moyens de paiement comprennent les moyens de paiement internationaux, la monnaie en circulation et la monnaie banque centrale.

Les *moyens de paiement internationaux* sont l'or, les devises (dollar, yen, lire, etc.), les instruments émis par les organisations internationales comme les droits de tirages spéciaux du FMI (DTS) ou les écus du Système monétaire européen.

La *monnaie en circulation,* au sens strict, comprend l'ensemble des instruments *parfaitement liquides,* c'est-à-dire qui permettent d'effectuer *immédiatement* un règlement et sont acceptés par tous les agents sur le territoire national. Elle constitue l'actif liquide par excellence puisqu'elle ne suppose aucune transformation préalable pour être utilisée dans les règlements. Elle se compose des éléments suivants :

– les billets (monnaie *fiduciaire*) détenus par les agents non financiers ;

– les pièces (monnaie *divisionnaire*) ;

– les *dépôts à vue,* c'est-à-dire les sommes inscrites sur des comptes bancaires et susceptibles de circuler par chèque, virement ou carte bancaire (monnaie *scripturale*).

Dans les pays industrialisés, la monnaie circule essentiellement par le biais de virements entre des dépôts à vue. En effet, les billets et les pièces ne représentent qu'un dixième environ de la monnaie en circulation.

La *monnaie banque centrale* comprend les billets détenus par les agents financiers, et les dépôts à vue des agents financiers auprès de la banque centrale. La banque centrale a le monopole d'émission des billets. Elle joue en outre le rôle de *banque des banques* : les institutions financières détiennent un compte auprès de la banque centrale, et les règlements entre elles se font par virement entre leurs comptes à la banque centrale.

• *Les instruments de placement et de financement direct*

Ces instruments recouvrent l'ensemble des moyens mis à la disposition des agents pour placer leur épargne ou, au contraire, pour emprunter des fonds directement auprès des agents disposant d'une épargne, sans passer par l'intermédiaire des institutions financières. On peut les regrouper en quatre catégories essentielles : dépôts non monétaires, bons non négociables, titres à court terme négociables, titres à long terme négociables.

1. Les *dépôts non monétaires* sont de deux types :

– les *comptes d'épargne sur livret,* où les sommes peuvent être retirées à tout moment (à vue) sans pénalité ;

– les *dépôts à terme,* où les sommes restent bloquées durant une certaine durée (le plus souvent, d'un mois à un an, rarement davantage).

L'ensemble de ces dépôts sont rémunérés par un taux d'intérêt.

2. Les *bons non négociables* sont les *bons de caisse* émis par les entreprises pour emprunter de l'argent de 1 an à 5 ans, les *bons d'épargne* émis par les banques (bons à 5 ans), et les *bons du Trésor sur formule* (matérialisés par une formule papier) émis par le Trésor public pour effectuer des emprunts auprès des épargnants pour une durée maximale de 5 ans. Tous ces bons sont des formules d'emprunt que les acheteurs (souscripteurs) doivent normalement conserver jusqu'à l'échéance : ils ne peuvent être revendus à des tiers (négociés), comme c'est par exemple possible pour une action.

3. Les *titres à court terme négociables*. Il s'agit de titres représentatifs d'emprunts des entreprises, des banques ou des pouvoirs publics, négociables sur le marché monétaire, qui est un marché de l'argent à court terme (de 1 jour à 7 ans). En France, ces titres ne se sont développés qu'à partir de 1985, car auparavant l'accès au marché monétaire était réservé aux agents financiers. Ils comprennent essentiellement :

– les *certificats de dépôts,* qui sont des titres représentatifs de dépôts à terme dans une banque (de 6 mois à 7 ans), non remboursables avant terme mais qui peuvent être cédés à un tiers ;

– les *billets de trésorerie,* qui sont émis par les entreprises pour emprunter de l'argent à court et moyen terme (de 10 jours à 7 ans) et pour un montant minimum d'un million de francs ; ils permettent le développement d'un véritable marché de prêts directs entre entreprises ;

– les bons du Trésor négociables sont des bons en compte courant, c'est-à-dire représentés par une simple écriture en compte et non matérialisés par une formule papier. Ils permettent à l'État d'emprunter de l'argent à court et moyen terme (de 10 jours à 7 ans) et portent sur un montant minimum de 5 millions de francs.

4. Les *titres à long terme négociables* (ou valeurs mobilières). Jusqu'aux années 1980, il existait deux types bien distincts de valeurs mobilières : l'action et l'obligation.

L'action ordinaire représente un droit de propriété sur l'entreprise émettrice et donc sur ses bénéfices. L'action est un titre à très long terme : l'actionnaire ne peut jamais exiger le remboursement de son capital, sauf dans le cas de faillite et de liquidation de tous les biens de l'entreprise et à condition qu'il reste quelque chose à partager entre les actionnaires, une fois payées toutes les dettes de la société. Le droit de propriété implique une participation à la direction et la gestion de l'entreprise. Cette participation est soit directe, pour les gros actionnaires qui sont présents au conseil d'administration, soit indirecte, par l'intermédiaire du droit de vote à l'assemblée générale des actionnaires. La rémunération de l'actionnaire pour son apport au capital de l'entreprise prend la forme des *dividendes,* qui représentent une part des bénéfices distribués. Le placement en action est risqué : la rémunération annuelle est incertaine, le remboursement intégral du capital investi en cas de faillite est improbable, la valeur de cession de l'action en Bourse est très variable.

L'obligation ordinaire est un titre émis par une entreprise privée ou une administration (emprunts d'État ou des grandes entreprises nationales) pour emprunter des sommes à long terme (7 ans et plus). L'agent émetteur s'engage à rembourser la valeur nominale du titre à une date donnée ; en contrepartie du service rendu par le prêteur, il lui verse chaque année une rémunération fixe (le *coupon annuel*). Le taux de rendement de l'obligation est le rapport de la rémunération annuelle et de la valeur d'achat de l'obligation, exprimé en pourcentage. Le risque encouru par le souscripteur de l'obligation ne porte que sur la valeur du titre en Bourse s'il souhaite le revendre avant l'échéance normale :

si le cours du titre est supérieur au prix d'achat, l'agent réalise un *gain en capital* ; dans le cas inverse, il subit une *perte en capital.*

La vague *d'innovations financières* des années 1980 a engendré de nouveaux instruments financiers atténuant la distinction entre l'action et l'obligation. Citons notamment :

– les *actions à dividende prioritaire* mais sans droit de vote, créées pour permettre aux entreprises nationales ou à des sociétés familiales d'augmenter leur capital sans céder un droit de regard sur leur gestion ;

– les *certificats d'investissement,* émis par des entreprises nationalisées et offrant au souscripteur une rémunération variable en fonction des résultats de l'entreprise (comme un dividende), mais sans droit de propriété ni droit de vote ;

– les *obligations à taux variable* (dont la rémunération varie selon l'évolution des taux d'intérêt), créées pour prémunir les agents contre la forte variabilité des taux d'intérêt observée au début des années 1980 ; le souscripteur sait qu'il aura à chaque période le taux de rémunération normal du moment : il renonce ainsi à obtenir mieux que la moyenne durant certaines périodes, mais en contrepartie il est sûr de n'avoir jamais moins.

• ***Les instruments de crédit (ou de financement indirect)***

Au lieu d'intervenir directement sur les marchés de capitaux pour emprunter des sommes aux autres agents présents sur ces marchés, les agents ayant des besoins de financement peuvent passer par l'intermédiaire des institutions financières, qui se chargent de trouver les ressources nécessaires. On trouve ici les différents instruments de crédit proposés par les banques et autres établissements financiers.

1. Les *crédits à court terme* (moins de 2 ans) : escompte des effets de commerce, autorisations de découvert sur les comptes bancaires, avances de trésorerie, crédits à court terme à la consommation.

Arrêtons-nous un instant sur la technique de *l'escompte.* Elle consiste à accorder des liquidités à un agent en échange d'un effet (un papier) représentatif d'une créance qu'il détient sur un autre agent. Par exemple, une entreprise accorde des délais de paiement à ses clients. Elle leur fait signer un *effet de commerce* (traite, lettre de change, billet à ordre) par lequel ils sont contraints de payer leur dette dans 30, 60 ou 90 jours. Si l'entreprise a besoin de liquidités avant l'échéance de l'effet de commerce, elle peut faire escompter l'effet par sa banque. La banque reprend à son compte la créance et se charge elle-même d'en récupérer la valeur à l'échéance. En échange, la banque verse à l'entreprise une somme équivalente à la valeur de l'effet, diminuée d'un certain pourcentage (le taux d'escompte) qui rémunère le service rendu par la banque.

2. Les *crédits à moyen terme* (de 2 à 7 ans). On trouve là les prêts des banques et des établissements financiers spécialisés dans le crédit. Ils financent essentiellement les dépenses d'équipement des ménages, la construction, la plupart des achats de biens d'équipement par les entreprises. Les établissements non bancaires empruntent des ressources sur le marché monétaire et les prêtent à leur tour à leur clientèle. Les dépôts d'épargne et les dépôts à vue peuvent aussi être prêtés à moyen terme alors que, pour chaque déposant particulier, les fonds ne restent parfois immobilisés que durant quelques mois ou quelques semaines.

3. Les *prêts à long terme* servent à financer des investissements lourds sur plus de 7 ans : achats de logements des ménages, installations industrielles, etc. Il ne faut pas les confondre avec les obligations, qui constituent aussi un prêt à long terme. Les obligations sont négociables : le souscripteur peut revendre son titre en Bourse le lendemain de la souscription ! Les prêts à long terme des banques ou des établissements non bancaires ne sont pas représentés par un titre négociable ; du point de vue du prêteur, ils constituent donc une immobilisation durable et très longue des fonds.

• ***Les agrégats monétaires***

La quantité de monnaie disponible joue un rôle déterminant dans la vie économique. Comme nous le verrons plus loin, elle peut influencer les variables essentielles pour l'économie nationale : la croissance économique, l'emploi, l'inflation et les échanges extérieurs. Aussi les pouvoirs publics et les économistes ont-ils besoin de suivre l'évolution concrète de la monnaie et des instruments susceptibles d'être assez rapidement convertis en monnaie. Dans ce but, les statistiques officielles regroupent différents instruments financiers en quatre agrégats monétaires (un « agrégat » est tout simplement la somme de plusieurs variables dont le regroupement est jugé économiquement significatif) : M1, M2, M3 et M4.

1°) *M1 comprend :*

– les billets et les pièces détenus par les agents non financiers,

– les dépôts à vue en francs transférables par chèque, gérés par les banques, les établissements de crédit, le Trésor ou la Poste.

M1 correspond à la monnaie en circulation au sens strict.

2°) *M2 comprend :*

– M1,

– les comptes d'épargne sur livrets et les comptes d'épargne logement.

On ajoute donc à M1 tous les comptes où l'épargne reste disponible en permanence et peut être convertie en monnaie très rapidement (à vue) sans pénalité ou autre risque de perte. L'analyse économique considère ces dépôts comme de la *quasi-monnaie*. Il s'agit en effet de ressources presque aussi liquides que la monnaie et que les agents peuvent utiliser *presque immédiatement* pour effectuer des règlements. Aussi, M2 s'approche du concept théorique de *masse monétaire* au sens strict.

3°) *M3 comprend :*

– M2,

– les dépôts et titres négociables en devises,

– les dépôts à terme,

– les bons non négociables,

– les titres et bons négociables émis par les établissements de crédit,

– les titres et parts d'OPCVM (organismes de placement collectif en valeurs mobilières).

M3 est un indicateur de masse monétaire au sens large.

4°) *M4 comprend :*

– M3,

– l'épargne contractuelle : placements convertibles en monnaie mais dont la conversion fait perdre certains avantages ou entraîne des pénalités qui réduisent la valeur du placement (par exemple, les plans épargne logement),

– les billets de trésorerie des entreprises,

– les bons du Trésor négociables.

b) La raison d'être des opérations et des institutions financières

Les opérations financières se développent spontanément en raison d'un triple besoin des agents : le besoin d'un instrument de paiement efficace pour développer les échanges ; la recherche d'une utilisation rentable de leur épargne ; la nécessité de combler leurs besoins de financement. La monnaie répond au premier besoin et les autres instruments financiers aux deux suivants.

• ***Le rôle de la monnaie***

En l'absence de monnaie, les échanges se font directement entre les différents biens et services. Mais le troc limite le développement des échanges. En effet, il suppose la rencontre hasardeuse de deux échangistes disposant précisément du bien désiré par l'autre et dans les bonnes quantités. De plus, beaucoup de biens sont imparfaitement divisibles. Par exemple, si la négociation sur le marché fixe le taux d'échange entre les bœufs et les moutons à 1 bœuf vivant pour 3,5 moutons vivants, l'échange ne peut avoir lieu (c'est en tous cas l'avis du mouton coupé en deux !). La monnaie évite ces difficultés et favorise l'essor du commerce en servant d'*intermédiaire universel dans les échanges*. En outre, la monnaie constitue un *étalon de mesure* de toutes les valeurs. Chaque bien a un prix exprimé dans un seul bien, la monnaie, et non dans tous les autres biens comme cela est nécessaire dans une économie de troc. Enfin, la monnaie constitue une *réserve de valeur*. Les individus peuvent la conserver pour des échanges futurs, pour faire face à des dépenses imprévues, pour profiter d'une opportunité à laquelle ils s'attendent, ou tout simplement pour combler les inéluctables décalages entre leurs recettes et leurs dépenses. La monnaie permet ainsi aux agents d'effectuer les dépenses au moment qui leur paraît le plus opportun.

• ***La rencontre des besoins et des capacités de financement***

Certains agents ont des dépenses totales inférieures à leurs revenus. Ils disposent donc d'une épargne, ou encore d'une *capacité de financement*. Ils peuvent conserver une partie de cette épargne sous la forme de monnaie. Mais, au-delà d'une encaisse monétaire jugée nécessaire par *précaution* ou par *spéculation* (dans l'attente d'une opportunité à saisir), les agents rationnels cherchent un emploi rentable à leur épargne. Cet emploi rentable n'est possible que parce qu'il existe d'autres agents qui ont, eux, des dépenses supérieures à leurs revenus : ils ont donc un *besoin de financement* et sont disposés à payer un intérêt pour rémunérer le service rendu par un éventuel prêteur. Les institutions financières assurent la collecte de l'épargne en mettant à la disposition des agents excédentaires un certain nombre d'instruments de placement. Les banques gèrent également la monnaie détenue par les agents sur leurs comptes. L'ensemble des disponibilités financières ainsi collectées peut être utilisé pour répondre à la demande de fonds des agents déficitaires. Nous avons vu qu'il existe une rencontre directe entre les épargnants et les emprunteurs sur les marchés de capitaux ; mais le contrat minimum sur le marché monétaire est d'un million de francs, et l'accès aux autres marchés (marché financier et marché des changes) passe obligatoirement par des intermédiaires financiers spécialisés. En outre, la rencontre directe entre emprunteurs et prêteurs, sans intermédiation des institutions financières, ne suffirait pas à régler le problème du financement de l'économie. En effet, la majeure partie de l'épargne nationale provient des ménages, qui placent une bonne partie de celle-ci à court terme, tandis que l'essentiel des demandes de fonds prêtables émane des entreprises, qui recherchent des financements à moyen et long terme pour assurer leurs investissements. Les institutions financières assurent ainsi la nécessaire transformation de ressources courtes en emplois longs, transformation sans laquelle une part essentielle des investissements ne pourrait être réalisée.

B. La création de monnaie

La monnaie est créée par les banques au sens économique du terme, c'est-à-dire par toute institution qui gère des dépôts à vue d'agents non financiers et a le pouvoir de créditer le compte de ces derniers (soit, en France, les banques au sens légal du terme, la Banque de France et le Trésor public).

a) Les mécanismes de la création monétaire

Les banques créent de la monnaie scripturale pour répondre à la demande des agents non financiers. Elles le font très simplement, en inscrivant des sommes au crédit des comptes de leurs clients en échange (on dit plus souvent « en contrepartie ») de créances remises par ces derniers : créances sur l'étranger (devises), créances sur l'économie (effets de commerce, contrats de crédit) ou créances sur le Trésor public (bons du Trésor). Nous allons illustrer ces trois sources de création monétaire.

• ***La contrepartie « créances sur l'étranger »***

Les exportateurs français payés en devises étrangères cèdent l'essentiel de leurs avoirs en devises à des banques. Les banques reprennent à leur compte les devises, qui constituent une créance sur les différents pays émetteurs, et, en contrepartie, créditent le compte de leurs clients d'un montant en francs : elles mettent ainsi en circulation une quantité de monnaie nationale supplémentaire. En revanche, des importateurs français qui doivent régler leurs achats à l'étranger en devises demandent ces devises aux banques contre de la monnaie nationale. Dans ce cas, les banques réduisent la masse monétaire en circulation en débitant le compte de leurs clients et en leur cédant des créances sur l'étranger.

Globalement, donc, lorsque l'ensemble des opérations des agents résidents avec l'extérieur est excédentaire, il se produit une entrée nette de devises converties en monnaie nationale, et donc un développement de la masse monétaire. Inversement, un déficit extérieur implique une sortie nette de devises et une réduction de la masse monétaire.

• ***La contrepartie « crédits à l'économie »***

Les producteurs qui ont besoin de liquidités peuvent faire *refinancer* par leur banque les crédits commerciaux qu'ils ont eux-mêmes accordés à leurs clients. En contrepartie des effets de commerce, la banque crédite le compte de l'entreprise pour une valeur équivalente, diminuée d'un certain pourcentage, le taux d'escompte. Là encore, la banque met en circulation de nouveaux moyens de paiement. Notons qu'à l'échéance des effets de commerce, la banque détruit de la monnaie en exigeant le remboursement des effets en sa possession.

La banque peut aussi *créer simultanément la monnaie et la*

créance qui en constitue la contrepartie. En effet, elle peut, par exemple, accorder une avance de trésorerie ou une autorisation de découvert à un agent en contrepartie d'un simple engagement de rembourser pris par cet agent. Elle détient alors une créance sur l'agent, en échange de laquelle elle crédite son compte en banque. Lorsque le client rembourse sa dette à la banque, la monnaie créée par l'opération initiale de crédit est détruite.

Ainsi, il apparaît que toute création de monnaie par acquisition de créances sur l'économie est suivie par une opération inverse de destruction de monnaie au moment du remboursement de ces créances. En période de croissance de l'activité et des échanges, les opérations de création monétaire tendent à dépasser les opérations de destruction et contribuent donc à un accroissement de la masse monétaire.

• ***La contrepartie « créances sur le Trésor »***

Les opérations avec le Trésor public peuvent entraîner une création de monnaie par les banques, par la banque centrale ou par le Trésor lui-même.

Quand l'État a un besoin de financement, les banques peuvent lui apporter leur concours en souscrivant des bons du Trésor en compte courant, ou en lui consentant des avances en compte comme pour une entreprise. Les banques peuvent financer ces apports en puisant dans les dépôts, mais aussi en créant une monnaie supplémentaire par un simple jeu d'écriture créditant le compte du Trésor. L'État peut également demander des avances en compte à la banque centrale, qui crée alors de la monnaie comme une banque ordinaire pour l'un de ses clients. Enfin, le Trésor peut transformer lui-même des créances sur le Trésor public en monnaie, par l'intermédiaire des comptes courants postaux (CCP). En effet, l'État règle les fournisseurs et les fonctionnaires qui détiennent un compte courant postal simplement en créditant ce compte.

b) Les limites à la création monétaire

Si un banquier n'a besoin que de son stylo pour créer de la monnaie, on peut se demander ce qui empêche une création infinie de monnaie. En fait, la création monétaire est limitée par la demande de monnaie, par les besoins des banques en billets et par les interventions de la banque centrale.

• ***La contrainte de la demande de monnaie***

Les banques ne créent pas de la monnaie pour le plaisir, mais en réponse à une demande de monnaie. La création monétaire est donc bornée par les besoins de liquidités des agents non financiers, et ces besoins eux-mêmes sont élevés durant les périodes de forte activité, mais réduits dans les périodes de ralentissement de l'activité. La contrepartie créances sur l'étranger n'est une source de création monétaire que si l'économie connaît un excédent de ses paiements extérieurs ; aux années d'excédent peuvent succéder des années de déficit qui réduisent la masse monétaire. La contrepartie créances sur le Trésor public peut aussi être une source de destruction de monnaie quand le budget de l'État est excédentaire et que le Trésor public rembourse les avances consenties par les banques. En outre, il existe souvent des contraintes légales limitant les concours directs de la banque centrale au Trésor public.

• ***Les besoins des banques en billets***

Les clients des banques font circuler une partie de la monnaie créée par les banques, non sous sa forme initiale de monnaie scripturale, mais sous forme de billets. Or, les banques ordinaires ne peuvent pas émettre de billets ; elles doivent se les procurer en effectuant des retraits sur leur compte à la banque centrale. Comment une banque peut-elle alimenter son compte à la banque centrale ? Elle peut virer sur ce compte une partie des dépôts effectués par ses clients. Elle peut recevoir sur ce compte des virements d'autres banques qui lui doivent de l'argent en règlement des chèques émis au profit de ses clients. Enfin, elle peut emprunter de la monnaie banque centrale sur le marché monétaire.

Si le pourcentage moyen de retrait en billets représente 10 % des dépôts, à chaque fois qu'une banque crée 1 000 F de monnaie scripturale, elle sait qu'elle sera confrontée à un retrait en billets pour une somme de 100 F ; elle doit donc disposer de cette somme en *monnaie banque centrale*, c'est-à-dire soit en billets détenus dans ses caisses, soit en compte créditeur à la banque centrale où elle pourra retirer les billets correspondants. *Si elle n'est pas assurée de disposer de ces billets en cas de besoin, elle ne peut créer davantage de monnaie.* Les avoirs en monnaie banque centrale constituent la *base monétaire* indispensable à toute création de *monnaie en circulation.* Quand une banque ne dispose pas d'un crédit suffisant à la banque centrale pour satisfaire ses besoins en monnaie banque centrale, elle peut emprunter sur le marché monétaire auprès des banques qui disposent d'un compte créditeur à la banque centrale. On dit qu'elle va se *refinancer* sur le marché monétaire. Une banque particulière peut donc créer de la monnaie sans disposer momentanément de la monnaie banque centrale nécessaire pour faire face aux retraits en billets en l'empruntant à une autre banque ; mais cette autre banque diminue alors de façon équivalente sa propre *base monétaire* et donc sa capacité à créer de la monnaie scripturale. Le système bancaire pris dans son ensemble ne peut donc pas créer de monnaie s'il ne dispose pas des avoirs en compte à la banque centrale lui permettant de retirer les billets qui lui seront demandés ensuite par la clientèle. Or, cela ne dépend pas simplement du bon vouloir des banques, mais aussi de la volonté qu'a la banque centrale de refinancer le système bancaire sur le marché monétaire en lui procurant la monnaie banque centrale dont il a besoin pour fonctionner.

• ***Le contrôle de la banque centrale***

La banque centrale contrôle donc indirectement la création monétaire des banques en contrôlant la mesure dans laquelle elles pourront satisfaire les besoins en monnaie banque centrale engendrés par cette création monétaire. La banque centrale intervient sur le marché monétaire pour prêter de la monnaie banque centrale aux banques, moyennant paiement d'un intérêt et presque toujours en contrepartie d'une créance détenue par les banques (bons du Trésor, effets de commerce, etc.). Elle peut déjà moduler ses concours en définissant la liste des créances qu'elle accepte de refinancer sur le marché monétaire ; elle étend la liste si elle veut faciliter la création monétaire, elle restreint cette liste dans le cas contraire. Elle détermine ensuite le taux d'intérêt auquel elle prête la monnaie banque centrale, et, ce faisant, elle joue un rôle directeur pour les taux d'intérêt pratiqués entre banques. Par exemple, rien n'empêche la banque centrale de prêter sa monnaie à un taux d'intérêt nul ; alors, le taux d'intérêt du marché monétaire est également nul, aucune banque ne trouvant d'emprunteur pour un taux positif quand la banque centrale distribue l'argent gratuitement. A l'opposé de ce comportement, en théorie, rien n'empêche la banque centrale d'emprunter la monnaie offerte par les banques qui disposent d'excédents en monnaie banque centrale à un taux d'intérêt toujours supérieur à celui offert par les banques emprunteuses. Dans ce cas, tout le monde préfère toujours prêter à la banque centrale, et c'est encore elle qui fixe le taux d'intérêt du marché. Entre ces deux extrêmes, la banque centrale peut faciliter le refinancement des banques et donc la création monétaire en offrant beaucoup de liquidités et en faisant baisser les taux d'intérêt, ou au contraire freiner la création monétaire en réduisant son offre de monnaie et en relevant les taux d'intérêt.

Pour renforcer la dépendance des banques à l'égard de leur refinancement par la banque centrale, les autorités monétaires agissent sur les *réserves obligatoires*. A chaque fois qu'une banque accorde un crédit ou reçoit un dépôt, elle doit constituer une réserve obligatoire bloquée à la banque centrale. Cela crée un besoin en monnaie banque centrale qui vient s'ajouter à celui associé aux retraits de billets. La banque centrale peut donc faciliter la création monétaire en diminuant le taux des réserves obligatoires, ou au contraire la décourager en relevant ce taux. Bien entendu, la politique monétaire connaît aussi des limites (voir *Introduction à la politique économique*), mais l'expérience des pays industrialisés a montré que, lorsqu'existe une véritable volonté politique, les autorités monétaires sont en mesure de maîtriser le processus de création de monnaie.

5. L'ÉTAT

Rappelons tout d'abord que pour la commodité de l'exposé, nous avons regroupé sous le terme d'« État » toutes les administrations publiques, centrales et locales. De façon plus abstraite, l'État peut être défini comme l'institution qui a le pouvoir de contraindre par la force l'ensemble des agents présents sur un territoire à exécuter des actes sans leur accord préalable. Il peut s'agir d'un État de droit si ce pouvoir de contrainte s'exerce dans un cadre législatif reconnu par la communauté, ou d'un État de fait si ce pouvoir s'impose en dehors d'un tel cadre. Pour l'analyse économique, la différence essentielle entre l'État et les autres agents est que l'État agit normalement par voie de contrainte tandis qu'un agent privé agit normalement par voie de négociation et d'entente avec les autres. L'existence de l'État apparaît comme la solution qui s'impose naturellement dans toute situation où la libre entente entre les agents est impossible ou incapable de produire un certain nombre de services indispensables à la survie et au développement de la communauté. Les économistes ont ainsi d'abord justifié l'intervention de l'État par les défaillances d'un système d'échanges privés : l'État intervient directement dans la production de biens et services pour suppléer aux défaillances des agents privés et du marché (cf. **A.** ci-dessous). A ce titre, l'État constitue d'une certaine façon un agent économique comme un autre, spécialisé dans la production des biens pour lesquels il est le plus adapté. Mais, à la différence des autres agents, la plupart de ses actions affectent l'ensemble de l'économie nationale. Le pouvoir économique considérable que lui donnent, d'une part, l'ampleur de ses dépenses et de ses recettes, et d'autre part, la possibilité d'intervenir par voie réglementaire et législative, conduisent naturellement l'État à étendre son domaine d'influence. L'*État-gendarme* du XIXe siècle concentrait son action sur la sécurité intérieure et extérieure de la nation, la police, la justice, les infrastructures routières et portuaires. Son intervention dans le reste de la vie économique se limitait le plus souvent à un rôle de police des échanges et des marchés : définition des droits et obligations des agents, des règles de la concurrence, etc. Durant les trois premiers quarts du XXe siècle, l'État n'a cessé d'étendre ses fonctions économiques, en particulier dans deux directions : la redistribution du revenu national et les politiques de stabilisation de l'économie nationale (cf. **B.** ci-dessous).

A. L'État produit des biens et services

On peut distinguer trois types d'intervention de l'État dans la production nationale. L'État produit tout d'abord des services collectifs qui, autrement, ne seraient pas produits par les agents privés (les *biens publics*). L'État intervient dans la production des biens et services dont l'utilisation par un individu a des *effets* positifs ou négatifs sur le bien-être de la collectivité (les *externalités*). Enfin, l'État prend parfois directement le contrôle de certaines productions alors qu'elles appartiennent normalement au secteur privé (*entreprises publiques* et *nationalisations*).

a) Les biens publics

Certains services collectifs ne peuvent être produits par des entreprises privées parce qu'il est impossible d'exclure les utilisateurs qui ne seraient pas disposés à payer le service rendu.

Les *services collectifs* sont des services consommés en même temps et dans leur totalité par un ensemble d'utilisateurs. Il existe des services collectifs *privés* à chaque fois qu'il est facile de contraindre les consommateurs à payer. Par exemple, une projection dans une salle de cinéma ou un cours d'économie sont des services collectifs privés : plusieurs individus consomment en même temps le même service mais il est aisé d'exiger un droit d'entrée ou d'inscription et de vérifier que chaque individu l'a bien acquitté. Des agents privés n'ont donc aucune difficulté à produire et à financer ce type de service.

Mais il existe aussi des services collectifs *publics* dans leur nature parce qu'il est impossible ou trop coûteux d'en faire payer le prix aux utilisateurs. Tel est le cas pour la défense nationale, l'ordre public, la justice, les routes (mais pas les autoroutes), l'éclairage public, les phares qui signalent les récifs dans l'océan, etc. Une entreprise privée qui produirait ce type de service serait incapable de le financer, parce que chaque agent présent sur le territoire national (ou naviguant dans l'océan) sait bien qu'il bénéficiera du service de toute façon, qu'il paie ou non. Une entreprise privée de défense nationale peut envoyer des démarcheurs auprès de chaque ménage résident pour réclamer le prix du service rendu. Mais chaque ménage, sachant qu'il bénéficie de la défense nationale du seul fait de sa présence sur le territoire, a intérêt à se déclarer pacifiste et à refuser de payer le service proposé par l'entreprise privée. Une majorité d'individus se comportant ainsi et laissant aux autres le soin de payer les services collectifs, ces derniers ne seront tout simplement pas produits. Par conséquent, seule une institution investie du pouvoir de faire payer les utilisateurs par la force peut assurer la production de tels services. L'État est précisément cette institution qui a le monopole de la force légitime, et qui peut effectuer des prélèvements obligatoires sur tous les revenus pour produire les services dont la plupart des agents souhaitent bénéficier sans être incités à en payer spontanément le prix.

b) Les externalités

On parle d'externalité (ou d'effet externe) à chaque fois que les décisions d'un agent économique ont des effets sur les autres agents. Ainsi, il existe des effets externes positifs. Par exemple, les dépenses d'éducation et de formation effectuées par les individus contribuent à leur bien-être personnel mais permettent également une productivité du travail et une croissance économique plus fortes, dont bénéficie l'ensemble de la société. De même, l'hygiène et les dépenses de santé individuelles sont bénéfiques aux individus et à l'ensemble de la collectivité. La recherche et l'innovation technologique combinent également un bénéfice pour les initiateurs de découvertes importantes et des effets positifs souvent considérables sur le reste de la communauté. Il existe aussi des effets externes négatifs. La pollution est ici l'exemple le plus étudié par les économistes. Toute production qui dégrade l'environnement associe des effets bénéfiques pour les producteurs à des nuisances pour d'autres agents.

D'un point de vue économique, l'existence d'externalités fausse les mécanismes d'allocation des ressources par le marché. En effet, dans une économie de marché libre, les agents rationnels sont supposés comparer les coûts et les avantages associés à chaque décision en vue de satisfaire au mieux leurs besoins. En conséquence, ils doivent minimiser les coûts et maximiser les avantages, et contribuer ainsi à l'efficacité collective. En l'absence d'effet externe négatif, ce qui est bon pour un individu est bon pour la société à laquelle il appartient. Mais bien-être individuel et collectif ne coïncident plus forcément si les décisions individuelles ont des effets sur les autres agents. Dans ce cas en effet, les coûts et avantages *privés* sur lesquels se fondent les individus pour prendre leurs décisions ne sont plus équivalents aux coûts et avantages *sociaux* (pour la collectivité). Si la consommation d'un bien a des effets externes positifs, le bien-être collectif procuré par sa consommation est supérieur au bien-être individuel. Mais l'individu ne tient pas compte du bien-être collectif en déterminant sa consommation ; il maximise l'avantage privé et non l'avantage social. En conséquence, du point de vue de la collectivité, la production décidée par les seuls individus sera insuffisante. Inversement, on constatera une surproduction dans les secteurs qui engendrent des nuisances pour la collectivité parce que les producteurs ne tiennent compte que des coûts et bénéfices privés et non des coûts qu'ils font supporter à la collectivité.

La recherche d'une allocation efficace des ressources justifie donc une intervention des pouvoirs publics pour corriger les inefficiences liées à la présence d'effets externes. Le mode principal d'intervention consiste à *internaliser* les externalités : il s'agit d'amener les agents à réintégrer dans leur calcul économique les coûts et avantages sociaux qu'ils négligeraient autrement. Ainsi, l'État prend en charge une partie des dépenses de santé, d'éducation et de recherche pour en abaisser le coût privé et inciter les individus à investir dans ces domaines plus de temps et de ressources qu'ils n'investiraient spontanément. Cette intervention peut passer par une production directe des services concernés : développement des hôpitaux, de l'enseignement, et des centres de recherche publics ; elle peut aussi prendre la forme de subventions aux organismes privés chargés de leur production, de prestations familiales, ou encore du remboursement d'une partie des dépenses de santé.

En ce qui concerne la pollution, l'internalisation des externalités passe, pour l'essentiel, par un système de taxes sur les productions polluantes et de subventions pour la mise en place de moyens de production moins polluants. Mais une politique d'internalisation des externalités ne va pas sans difficultés. La mesure des coûts et avantages sociaux associés à la pollution est envisageable, quoique délicate, lorsque cette dernière est bien circonscrite localement (par exemple, usine qui rejette des déchets dans un cours d'eau), mais elle devient impossible pour les problèmes de pollution généralisée : pollution de l'atmosphère, réchauffement du climat (effet de serre), destruction de la couche d'ozone, etc. Aussi, on admet le plus souvent la nécessité d'interventions plus directes et plus normatives de l'État : collecte et traitement des déchets, définition de normes d'émission de produits toxiques, plans d'occupation des sols, agences de bassins assurant la préservation de la qualité des eaux, etc.

c) Entreprises publiques et nationalisations

Beaucoup d'économistes, y compris des libéraux, ont admis que la nationalisation de certaines activités se justifiait dans le cas où celles-ci tendaient naturellement vers une situation de monopole. Mais cette justification économique ne suffit pas à rendre compte de nombreuses nationalisations qui répondent davantage à des motifs politiques.

• ***La nationalisation des monopoles naturels***

Le développement de certaines activités conduit spontanément à des situations de monopole ou de quasi-monopole. L'ampleur des investissements nécessaires à certaines productions est parfois telle que, à long terme, seules des entreprises gigantesques, contrôlant la quasi-totalité de la production, peuvent en assumer la charge. C'est le cas lorsqu'on est en présence de rendements qui restent croissants jusqu'à un volume de production très élevé. Ainsi, par exemple, dans les transports ferroviaires, les télécommunications ou la production et la distribution de certaines sources d'énergie (gaz, électricité), l'ampleur des infrastructures et des équipements nécessaires avant même toute production, implique que l'on ne peut en tirer le meilleur parti qu'à partir d'un volume de production considérable : la phase des rendements croissants est très longue. De petites entreprises privées sont condamnées à fusionner ou à disparaître – et c'est bien ce que l'on observe dans la réalité. Ces secteurs évoluent naturellement vers une situation où il n'existe plus qu'un ou quelques producteurs dominant totalement le marché. Ces monopoles ou quasi-monopoles se retrouvent alors avec un pouvoir économique exorbitant qui leur permet notamment de fixer le prix de leurs produits sans subir la pression de la concurrence. La collectivité court alors le risque d'être « exploitée » par un agent privé qui détient une ressource vitale pour son développement. En outre, l'absence de concurrence réduit les incitations à tirer le meilleur parti possible des ressources disponibles. La collectivité risque donc de payer très cher un service de moins bonne qualité que dans un contexte concurrentiel. Enfin, un monopole privé abandonnera certaines exploitations déficitaires (l'éclairage et les télécommunications d'un village de haute montagne, par exemple).

Ces menaces justifient traditionnellement la nationalisation et la prise en charge de certaines productions par l'État qui, n'étant pas guidé par la recherche du profit, peut assurer une exploitation plus conforme aux intérêts de la collectivité. L'expérience indique que la gestion étatique entraîne à son tour des coûts pour la collectivité : déficits et gaspillages, quand ils se produisent, doivent finalement être supportés par les contribuables.

• ***Les justifications politiques***

Il peut arriver qu'une nationalisation constitue tout simplement une *sanction* infligée à un entrepreneur. Tel fut le cas, par exemple, de la nationalisation de Renault après la Seconde Guerre mondiale. Mais cela est rare, du moins dans les grands pays industriels. Le gouvernement peut aussi considérer que certains domaines d'activité ont *une importance stratégique* pour la sécurité et la défense de la nation ; à ce titre, elles gagneraient à être sous le contrôle direct de l'État plutôt qu'aux mains d'intérêts privés, qui ne concordent pas nécessairement avec les intérêts de la collectivité : c'est parfois le cas dans les secteurs de l'armement, de l'énergie nucléaire, de la recherche.

Enfin, dans les pays industrialisés, le contrôle d'entreprises publiques est parfois présenté comme un moyen de renforcer l'efficacité de la politique économique. La fixation des prix et des salaires dans un secteur public élargi peut influencer le niveau général des prix et la négociation des salaires dans le reste de l'économie. L'État peut aussi utiliser directement les entreprises nationales pour agir sur le niveau et l'orientation des investissements dans les grands secteurs industriels. Enfin, la nationalisation des grandes banques permettrait de mieux maîtriser la création monétaire et l'orientation des crédits vers les secteurs prioritaires. Ces justifications économiques masquent le plus souvent une motivation essentiellement politique. En effet, d'un strict point de vue économique, il existe toujours des moyens aussi efficaces et moins coûteux que la nationalisation pour orienter les choix des grandes entreprises et maîtriser la monnaie et le crédit : la fiscalité, les réglementations, la politique monétaire.

B. Les autres fonctions de l'État : redistribution et stabilisation

Dès l'instant où il existe, l'État génère des dépenses pour produire les services publics et doit lever des ressources par des prélèvements obligatoires. Par ces dépenses et ces recettes, il transforme aussi la distribution du revenu national entre les agents privés. Jusqu'au début du XXe siècle, l'État avait, pour l'essentiel, limité ses interventions à la production des services publics et à la redistribution du revenu. Mais les crises économiques récurrentes qui ont touché les pays industrialisés au XIXe siècle et jusqu'à la Grande Dépression des années 1930, entraînent des interventions croissantes des pouvoirs publics pour stabiliser l'évolution de l'activité, de l'emploi, des revenus et des prix. A partir des années 1930, ces politiques de stabilisation se développent réellement et vont constituer peu à peu une fonction économique incontournable de l'État moderne.

a) La redistribution du revenu national

Quand on évoque le rôle redistributeur de l'État, on songe tout de suite aux impôts prélevés par le Trésor et aux subventions ou prestations versées par les différentes administrations. Mais, à côté de ces interventions qui modifient directement la distribution du revenu national entre les agents économiques, on oublie trop souvent que la plupart des politiques publiques ont des effets redistributifs au moins indirects.

• ***L'État prélève des revenus***

Il existe trois grandes catégories de *prélèvements obligatoires* : les impôts liés à la production et l'importation, les impôts sur le revenu et le patrimoine, les cotisations sociales.

1. *Impôts liés à la production et à l'importation.* Ils comprennent : la TVA, les droits de douane et les taxes spécifiques sur quelques produits : essence, tabacs, alcools, vignette automobile, taxe professionnelle (impôt local sur toute entreprise).

La TVA constitue le principal impôt sur la production. Il s'agit d'une taxe sur la valeur ajoutée, perçue par les producteurs et reversée par eux à l'État. Elle est calculée sur la valeur de toute production vendue (le chiffre d'affaires), mais chaque agent peut déduire de la TVA qu'il doit reverser à l'État celle qu'il a payée sur ses propres consommations intermédiaires. On ne taxe donc que la valeur ajoutée.

2. *Impôts sur le revenu et le patrimoine*. Ils comprennent : impôt sur le revenu des personnes physiques, impôt sur les bénéfices des sociétés, les impôts sur la fortune, la taxe d'habitation, payable par tout occupant d'un local, la taxe foncière, payable par les propriétaires d'un local.

3. *Les cotisations sociales*. Les cotisations sociales sont versées aux organismes de sécurité sociale et affectées au financement des prestations sociales (cf. ci-dessous). Elles représentent à peu près 40 % des prélèvements obligatoires. Leur charge est répartie entre les travailleurs salariés (moins de 30 % du total), les travailleurs non salariés (moins de 10 % du total) et les employeurs (plus de 60 % du total).

Elles constituent un élément important du coût du travail et introduisent une dissociation entre le salaire payé par l'employeur et celui qui est perçu par l'employé. Pour l'employeur, le salaire effectivement payé inclut la somme versée à l'employé et les cotisations versées à la sécurité sociale, tandis que l'employé ne s'intéresse naturellement qu'à la somme dont il peut finalement disposer. Cette dissociation peut fausser le débat sur le partage de la valeur ajoutée entre employeurs et salariés. En effet, lorsque le poids des charges sociales s'élève, l'une et l'autre partie peuvent légitimement invoquer une réduction de leur « part du gâteau » et réclamer un ajustement ; il est bien sûr impossible de contenter les deux parties ; le développement des charges sociales constitue ainsi une source potentielle d'affrontement entre employeurs et employés.

• ***L'État redistribue des revenus***

L'État redistribue directement des revenus par des subventions aux producteurs et, surtout, grâce aux prestations sociales aux ménages.

Les subventions sont des aides financières versées directement aux producteurs par les administrations. Les *subventions d'exploitation* constituent une aide à la production courante ou au soutien à court terme d'entreprises en difficulté ; les *subventions d'équipement* sont accordées pour prendre en charge une partie des charges d'investissement dans les secteurs jugés prioritaires par les pouvoirs publics.

Les prestations sociales contribuent à protéger le revenu

des ménages contre les fluctuations liées à certains risques (maladie, accident, chômage) ou à la vieillesse (pensions de retraite), ou encore à prendre en charge une fraction des frais d'éducation des enfants (prestations familiales). Elles relèvent en partie d'une *logique d'assurance* : les travailleurs et les employeurs versent des cotisations (comme des primes d'assurance), et en contrepartie, les individus perçoivent des indemnités lorsque la réalisation de l'un des risques couverts ampute leurs revenus. Mais les prestations sociales perçues par un individu peuvent aussi suivre une *logique d'assistance* ou de *solidarité*. En effet, leur ampleur ne dépend pas toujours de celle des cotisations, et parfois elles ne supposent même pas le versement préalable de cotisations (certaines allocations de chômage, les prestations familiales, le revenu minimum garanti, les dépenses de santé). Cette logique a tous les mérites propres au développement de la solidarité au sein d'une communauté. Dans certains cas, notamment pour les dépenses de santé, elle engendre aussi des gaspillages, comme tout avantage octroyé indépendamment d'un coût ou d'un effort quelconque.

Dans une logique d'assurance, l'équilibre financier du système de sécurité sociale vient de ce que tout le monde est disposé à payer quelque chose pour se couvrir contre un risque alors que le risque ne se réalise que pour une partie seulement de la population concernée ; il suppose un certain rapport entre la population cotisante et la population indemnisée. Certains phénomènes menacent régulièrement cet équilibre financier dans les pays industrialisés :

– une forte poussée du chômage réduit le nombre de salariés cotisants et accroît le nombre de chômeurs à indemniser ;

– la santé étant un bien supérieur (cf. **2. A.** ci-dessus), les dépenses de santé ont tendance à augmenter plus vite que le revenu ; autrement dit, les remboursements de la sécurité sociale peuvent progresser plus vite que la base de prélèvement des cotisations ;

– l'amélioration de l'espérance de vie, le recul de la natalité, l'allongement des études secondaires et universitaires, et l'abaissement de l'âge de départ à la retraite ont deux effets : vieillissement de la population et réduction de la durée de la vie active. En conséquence, le rapport entre le nombre de retraités touchant leur pension et celui des actifs versant les cotisations aux régimes de retraite ne cesse de croître ; si les retraites du moment sont payées à l'aide des cotisations du moment (système dit « de répartition »), l'évolution démographique provoque un jour ou l'autre un déséquilibre financier entre la masse des cotisations et celle des prestations.

Cela dit, un régime de sécurité sociale n'est jamais en cessation de paiement. Tout déséquilibre financier entre cotisations et prestations est d'une manière ou d'une autre comblé par les autres ressources financières de l'État (l'impôt ou l'emprunt). Dans ce cas, la logique d'assistance l'emporte seulement un peu plus sur la logique d'assurance.

• ***La redistribution indirecte***

La plupart des réglementations et des mesures de politique économique du gouvernement ont des effets plus ou moins apparents sur la distribution du revenu. Nous prendrons quelques exemples significatifs de cette redistribution indirecte.

L'institution d'une réglementation sur le salaire minimum opère une redistribution complexe du revenu. Apparemment, cela revient à prélever des ressources sur les employeurs pour les transférer aux travailleurs les plus défavorisés (les jeunes et les travailleurs sans qualification). Mais si les employeurs ont la possibilité de transférer à leur tour le surcoût du travail sur les prix de vente, ce sont en fin de compte les consommateurs (et parmi eux les « smicards ») qui paient. Par ailleurs, dans tous les pays industrialisés, il est généralement établi que l'élévation des salaires minimum par la réglementation réduit l'emploi des travailleurs les plus défavorisés. De ce point de vue, le SMIC redistribue le revenu au profit des individus qui conservent leur emploi, mais au détriment de ceux qui perdent ou rencontrent plus de difficultés à trouver un emploi.

Une relance de la demande peut, selon les cas, se faire principalement par stimulation de la consommation des ménages ou bien par stimulation de l'investissement des entreprises. Le même résultat en termes de croissance peut donc masquer une distribution différente des avantages entre travailleurs et propriétaires du capital.

Une réévaluation réussie de la monnaie sur le marché des changes favorise les importateurs de biens et services étrangers. En effet, si la valeur internationale de la monnaie augmente, une même quantité de monnaie nationale permet d'acheter plus de produits étrangers ; autrement dit, le prix des produits importés diminue. Inversement, le prix des produits exportés augmente sur les marchés étrangers. Ainsi, les consommateurs et les entreprises fortement dépendantes de l'extérieur pour leurs approvisionnements sont favorisés par une réévaluation. Mais les entreprises exportatrices et celles qui sont, sur le territoire national, fortement concurrencées par des produits étrangers voient leur compétitivité, leurs ventes et leurs profits régresser. Les variations du taux de change modifient donc la distribution du revenu entre les secteurs et les agents économiques.

Le financement du déficit budgétaire par la création de monnaie est normalement inflationniste : on met plus de monnaie en circulation sans offrir plus de biens et services sur les différents marchés ; il en résulte une demande trop forte et une hausse des prix. L'inflation constitue alors un véritable impôt : un prélèvement sur le pouvoir d'achat, qui permet de financer les dépenses publiques. Or, l'inflation touche plus durement les ménages ayant déjà un pouvoir d'achat réduit que ceux dont les revenus sont élevés et plus largement consacrés à l'épargne. Tous les agents ne sont pas également en mesure de se protéger contre l'inflation en obtenant une révision en hausse de leur rémunération nominale. Le financement inflationniste des dépenses publiques modifie donc la répartition du revenu national.

On pourrait multiplier les exemples. A la suite de chaque mesure de politique économique, il convient de s'interroger sur ses effets redistributifs. Ces derniers révèlent parfois les objectifs réels mais pas toujours affichés des politiques économiques.

b) Les politiques de stabilisation (ou conjoncturelles)

Depuis la Grande Dépression des années 1930, l'État n'a cessé d'intervenir pour rectifier l'évolution spontanée de la conjoncture économique. Ces interventions constituent ce que l'on appelle les *politiques de stabilisation* ou encore la *politique conjoncturelle*. Nous procédons à un examen détaillé de ce sujet dans notre *Introduction à la politique économique*. Nous nous contenterons ici d'énumérer les principaux objetifs et instruments de la politique économique.

• ***Les objectifs de la politique conjoncturelle***

Traditionnellement, la théorie de la politique économique a retenu quatre objectifs des politiques de stabilisation : croissance, plein emploi, stabilité des prix, équilibre extérieur.

1. *La croissance*. Il s'agit de stimuler le développement de la production et du revenu national considéré comme le garant d'une amélioration du bien-être des individus.

2. *Le plein emploi*. Pour l'économiste, il s'agit d'utiliser au mieux tous les facteurs de production disponibles, c'est-à-dire de les affecter à l'emploi pour lequel ils ont la productivité la plus forte. Pour le politique, cela se ramène le plus souvent au plein emploi du seul facteur travail. Il s'agit alors de réduire le chômage au niveau minimum.

3. *La stabilité des prix*. Il s'agit de limiter le développement de l'inflation. Selon les époques et les pays, la stabilité des prix n'est pas toujours un objectif en soi. En particulier, lorsque la plupart des revenus nominaux (salaires, intérêts, loyers) ont tendance à évoluer parallèlement aux prix (on dit qu'ils sont *indexés* sur les prix), la majorité des individus tolèrent assez bien une inflation modérée. La lutte contre l'inflation n'apparaît alors comme un objectif que dans la mesure ou elle conditionne aussi l'équilibre des échanges extérieurs.

4. *L'équilibre extérieur*. Il s'agit d'équilibrer les entrées et les sorties de biens, de services, de revenus et de capitaux avec le reste du monde.

Toutefois, à côté de ces objectifs économiques traditionnels, une proportion croissante d'économistes intègre dans l'analyse les finalités purement *politiques* des actions économiques de l'État. En effet, quand toute l'analyse économique suppose des individus rationnels qui cherchent d'abord à satisfaire leurs besoins, il n'y a pas de raison de faire une exception méthodologique pour les décideurs politiques. Si les entrepreneurs, les travailleurs, les consommateurs, etc., cherchent le maximum de satisfaction, il est en effet curieux de considérer que les politiques, eux, cherchent le plein emploi, la croissance, la stabilité des prix et le bonheur de l'humanité ! Bien des choix de politiques économiques demeurent incompréhensibles si l'on oublie que les décideurs politiques peuvent être tout simplement motivés par la conquête ou la conservation du pouvoir ou par leur prestige personnel dans l'opinion publique. L'intégration des finalités politiques conduit alors à considérer les objectifs traditionnels des politiques de stabilisation comme des objectifs intermédiaires qui sont poursuivis ou non, selon qu'ils servent le but politique fondamental.

• ***Les instruments de la politique conjoncturelle***

Nous dresserons rapidement une liste des principaux instruments disponibles, avant de décrire les grandes phases d'évolution des politiques économiques.

– La *politique monétaire* agit sur la quantité de monnaie en circulation dans l'économie et sur le niveau des taux d'intérêt.

– La *politique budgétaire* agit sur les prélèvements obligatoires (politique fiscale) et sur les dépenses publiques.

– La *politique de change* agit sur la valeur internationale de la monnaie nationale (le taux de change), par l'intermédiaire des interventions de la banque centrale sur le marché des changes.

– La *politique des revenus* tente d'influencer le mode de négociation et le niveau des salaires, et le partage de la valeur ajoutée entre employeurs et travailleurs. Elle vise le plus souvent à limiter l'inflation.

– La *politique commerciale* agit sur les conditions d'importation et d'exportation des biens et services (droits de douane, quotas d'importation, aides à l'exportation, normes requises pour l'entrée des produits étrangers, etc.).

– La *politique de la concurrence* et *des prix* agit sur le mode de formation des prix en définissant les tarifs publics et le cadre légal de fonctionnement des marchés (liberté ou blocage des prix, règles protégeant la concurrence contre les ententes et les monopoles, droit des affaires, etc.).

• ***L'évolution des politiques depuis les années 1930***

Les politiques de stabilisation ont réellement amorcé leur essor durant les années 1930. Jusqu'au début des années 1970, elles ont été dominées par la vision keynésienne, fondée sur les bienfaits d'une *régulation de la demande globale*. Si l'objectif est de stimuler la croissance et de réduire le chômage, on met en place une politique de *relance de la demande* de consommation et/ou d'investissement : hausse des dépenses publiques, réduction des prélèvements obligatoires, réduction des taux d'intérêt, stimulation du crédit. A l'inverse, quand l'inflation est jugée trop élevée, on cherche à ralentir la demande globale en inversant le sens des mesures décrites ci-dessus.

Cependant, les politiques de régulation de la demande se heurtent souvent à deux dilemmes. Le premier tient à la difficulté, voire à l'impossibilité, de lutter simultanément contre le chômage et l'inflation. Le second réside dans l'incompatibilité fréquente entre équilibre interne et équilibre extérieur : par exemple, une relance massive de la demande stimule fortement les importations et peut engendrer un important déficit extérieur.

Les difficultés croissantes auxquelles ont été confrontées les politiques keynésiennes durant les années 1970-1980 ont conduit à accorder plus de place aux *politiques de l'offre*. La croissance et l'emploi sont alors recherchés par un allégement de la fiscalité sur le travail, l'épargne et les profits, de façon à stimuler l'offre de facteurs et à améliorer la rentabilité des entreprises. La stabilité des prix devrait également être favorisée par un renforcement de la concurrence.

Les années 1990 se distinguent par un quasi-consensus qui reconnaît :

– la complémentarité des politiques de la demande et des politiques de l'offre ;

– leur impuissance commune à régler efficacement des problèmes dont la nature paraît plus structurelle que conjoncturelle, et notamment le chômage de longue durée, la pauvreté dans les pays riches, la transition des anciens pays communistes vers l'économie de marché ;

– la disparition d'une réelle autonomie nationale et la nécessité de mettre en œuvre des politiques coordonnées au plan international.

6. LES RELATIONS AVEC LE RESTE DU MONDE

Les problèmes posés par l'équilibre des échanges seront abordés dans le dernier chapitre. Ici, nous présenterons simplement les principales opérations entraînées par les échanges avec le reste du monde.

A. Les échanges internationaux

Les agents résidents d'un pays procèdent avec le reste du monde à des échanges de biens et services, à des transferts de revenus et à des mouvements de capitaux.

a) Les différents types d'échanges

• ***Les échanges de biens et services***

Les agents résidents achètent des biens et des services au reste du monde (les importations) et vendent des biens et services au reste du monde (les exportations).

On appelle *taux de couverture* le rapport exportations/importations ; il indique dans quelle mesure les recettes tirées des ventes aux non-résidents *couvrent* les dépenses engendrées par les achats aux non-résidents. S'il est égal à 1, les échanges de biens et services sont équilibrés ; s'il est inférieur à 1, ils sont déficitaires ; s'il est supérieur à 1, ils sont excédentaires.

• ***Les transferts de revenus***

Certains agents résidents transfèrent une partie de leurs revenus vers le reste du monde. Des étrangers travaillant en France envoient des revenus à leur famille restée dans leur pays d'origine ; des filiales d'entreprises étrangères installées en France rapatrient dans leur pays une partie des profits réalisés en France ; les agents français ayant emprunté des capitaux à l'étranger doivent également verser des intérêts à leurs créanciers étrangers ; les administrations françaises versent des fonds à des organisations internationales ou des subventions à des pays étrangers, etc. En sens inverse, les agents résidents en France reçoivent du reste du monde des revenus du travail, des dividendes, des intérêts, des subventions, etc.

• ***Les mouvements de capitaux***

Des capitaux étrangers entrent en France, soit parce que les agents français empruntent des capitaux à l'étranger, soit parce que des agents étrangers effectuent des placements financiers en France (obligations, actions, etc.) ou procèdent à des *investissements directs* en France (ils investissent des capitaux, non sur les marchés financiers mais *directement,* en installant ou développant des activités de production sur le territoire français). Dans le sens opposé, des capitaux sortent de France vers l'étranger quand les agents français placent leurs capitaux à l'étranger ou procèdent à des investissements directs à l'étranger.

On traite à part les achats et les ventes de devises étrangères des banques, de la banque centrale et du Trésor sur le marché des changes, en raison de leur incidence sur la création monétaire. Pour bien préciser cette distinction, les mouvements de capitaux dans les comptes des autres agents (qui n'ont pas le pouvoir de créer de la monnaie) sont qualifiés de « mouvements de capitaux *non monétaires* ». Rappelons en effet que si les banques (y compris banque centrale et Trésor public) achètent des devises contre de la monnaie nationale, elles augmentent leurs *réserves de change* et, en contrepartie, développent la masse monétaire en circulation ; inversement, si elles vendent des devises contre de la monnaie nationale, elles diminuent leurs réserves de change et, en contrepartie, réduisent la monnaie en circulation.

b) Les échanges de monnaies

• ***Taux de change et marché des changes***

Dès l'instant où existent des opérations avec l'extérieur, se pose un problème de conversion entre les différentes monnaies utilisées. Si les importateurs doivent payer leurs achats à l'étranger en devises (monnaies étrangères), il leur faut échanger leur monnaie nationale contre ces devises. Inversement, quand des exportateurs sont payés par leurs clients étrangers en devises, ils vendent ensuite ces devises contre de la monnaie nationale. Les agents non financiers s'adressent à leurs banques pour effectuer ces conversions. Les banques, pour leur part, se procurent ou cèdent les devises sur un *marché des changes* interbancaire, qui fonctionne par téléphone, télex et réseaux de télécommunications spécialisés. Les négociations sur ce marché déterminent les taux de change.

Le *taux de change est* la valeur d'une unité monétaire exprimée dans une autre unité monétaire (la valeur du franc en dollars, du deutsche mark en yens, etc.). On peut donc le mesurer de deux façons équivalentes, selon la monnaie qui est retenue comme unité de compte. Par exemple, on peut dire que le deutsche mark vaut 3 francs, ou bien que le franc vaut 0,33 deutsche mark (un tiers de deutsche mark). En France – et, le plus souvent, dans la théorie économique – on retient la première méthode de mesure. Elle présente l'avantage de faire des taux de change des prix comme les autres : *les taux de change mesurent le prix des monnaies étrangères (ou devises) en monnaie nationale.*

• ***Régime de changes fixes ou flottants***

Si les autorités monétaires d'un pays laissent fluctuer librement la valeur internationale de leur monnaie au gré des négociations qui s'effectuent vingt-quatre heures sur vingt-quatre sur le marché des changes, on est en *régime de changes flottants,* ou encore *flexibles.* Mais la parfaite flexibilité des taux de change est une source d'*incertitude* sur la rentabilité des exportations et sur le coût des importations ; elle peut donc décourager le développement des échanges intérieurs et extérieurs. Aussi, le plus souvent, la plupart des gouvernements cherchent à stabiliser les fluctuations de leur taux de change. A cette fin, la banque centrale d'un pays peut intervenir sur le marché des changes comme une banque ordinaire. Si elle veut soutenir la valeur de sa monnaie, il lui suffit d'en acheter contre devises sur le marché des changes : en stimulant la demande mondiale pour sa monnaie, elle en fait monter le prix. Inversement, si elle souhaite éviter une trop forte appréciation de sa monnaie, il lui suffit d'en vendre sur le marché des changes : l'abondance de sa monnaie en fera reculer le prix. Le résultat est un *régime de flottement impur* des taux de change.

Enfin, le gouvernement peut être *tenu de maintenir* un taux de change stable en vertu de l'adhésion à un *système monétaire international*. On est alors en *régime de changes fixes*. Le gouvernement déclare un *taux de change officiel* (ou *parité*) de sa monnaie par rapport à un étalon de mesure défini par le système : par exemple, l'or ou le dollar dans le système monétaire international mis en place par les accords de *Bretton Woods* en 1944, ou l'écu dans le *Système monétaire européen* installé en 1979. Le gouvernement s'engage à intervenir sur le marché des changes (*via* la banque centrale) à chaque fois que le taux de change de sa monnaie tend à s'écarter de sa parité au-delà d'une limite supérieure ou en deçà d'une limite inférieure définies par les accords internationaux (par exemple, + ou – 1 % dans les accords de *Bretton Woods ;* + ou – 2,25 % dans le Système monétaire européen).

B. La balance des paiements

Toutes les opérations avec le reste du monde donnent lieu à des transferts de monnaie entre l'économie nationale et le reste du monde, qui sont enregistrés dans un compte : la *balance des paiements*.

La balance des paiements retrace tous les paiements reçus du reste du monde (les entrées de monnaie) et tous les paiements versés au reste du monde (les sorties de monnaie). Le *solde* de la balance des paiements est la différence entre les paiements reçus et les paiements versés (les entrées et les sorties). Du point de vue de l'analyse économique, on retient deux composantes essentielles dans la balance des paiements : la *balance des transactions courantes* et la *balance des capitaux non monétaires*.

a) La balance des transactions courantes (BTC)

On l'appelle encore *balance des paiements courants.* Elle est égale au solde de tous les échanges autres que les mouvements de capitaux. On a donc :

BTC = + Exportations de biens et services
+ Revenus et transferts reçus du reste du monde
– Importations de biens et services
– Revenus et transferts versés au reste du monde

Si la balance des transactions courantes est nulle, on dit qu'elle est *équilibrée* : les ressources tirées des exportations et des transferts reçus du reste du monde permettent juste de financer les importations et les transferts versés au reste du monde. Si la balance des transactions courantes est *excédentaire,* la nation a une *capacité de financement* : elle dispose en effet de moyens de paiement internationaux supérieurs à ses besoins ; elle peut soit les conserver en réserves de change, soit les placer ou les investir à l'étranger. En revanche, si la balance des transactions courantes est *déficitaire,* la nation a un *besoin de financement* : les ressources qu'elle tire de l'échange international ne suffisent pas à financer ses dépenses extérieures ; elle devra donc puiser dans ses réserves de change, si elle en a, ou bien emprunter des capitaux étrangers. La balance des transactions courantes peut donc influencer le revenu national : un excédent augmente le revenu national tandis qu'un déficit le diminue.

Notons que l'on prête souvent beaucoup d'attention à un sous-ensemble de la balance des paiements courants : la *balance commerciale,* qui est la différence entre les exportations et les importations de *biens* (services exclus). L'intérêt porté à ce solde particulier vient de ce que, à court terme, les échanges de services et de revenus sont relativement stables et indépendants de la conjoncture. L'évolution de la balance des paiements courants est donc largement déterminée par les fluctuations de la balance commerciale. En outre, les échanges de biens constituent un indicateur de la compétitivité des produits nationaux sur le marché mondial.

b) La balance des capitaux non monétaires (BC)

Par commodité, on emploie souvent plus simplement le terme de *balance des capitaux*. Elle représente simplement la différence entre les entrées et les sorties de capitaux non monétaires. On a donc :

BC = + Emprunts à l'étranger des résidents français
+ Placements financiers en France des non-résidents
+ Investissements directs en France des non-résidents
– Prêts à l'étranger des résidents français
– Placements financiers à l'étranger des résidents français
– Investissements directs à l'étranger des résidents français

Tout comme la balance des paiements courants, la balance des capitaux peut être équilibrée, excédentaire ou déficitaire. En revanche, le solde de la balance des capitaux ne modifie pas le revenu national. Une vente de marchandises à l'étranger constitue bien un revenu pour l'agent vendeur. Mais une entrée de capitaux n'est pas un revenu. La cession d'une action, d'un terrain, d'une usine à un agent étranger n'affecte pas la richesse des agents résidents, elle modifie seulement la structure de leur patrimoine (moins d'actions, de terrains, etc., mais plus de monnaie). De même, un emprunt à l'étranger ne constitue pas un revenu.

c) La balance des paiements globale et les réserves de change

La *balance des paiements globale (BP)* est simplement la somme des deux balances présentées ci-dessus :

$$BP = BTC + BC$$

Notons que les soldes de ces deux composantes peuvent éventuellement se compenser. Un déficit de la balance des paiements courants peut en effet être financé par des entrées nettes de capitaux (nettes des sorties de capitaux), c'est-à-dire par un excédent de la balance des capitaux, et la balance globale est équilibrée. Un excédent de la balance des paiements courants peut servir à des placements à l'étranger, c'est-à-dire des sorties de capitaux entraînant un déficit équivalent de la balance des capitaux, et la balance globale est équilibrée. La compensation entre les deux soldes est possible, mais elle n'est ni automatique ni obligatoire.

Si le solde de la balance des paiements globale est excédentaire, cela indique que la différence entre tous les versements reçus du reste du monde et les versements effectués au reste du monde est positive ; les agents résidents ont donc accumulé des devises : les *réserves de change* de la nation augmentent. Inversement, si la balance des paiements globale est déficitaire, tous les versements reçus par la nation (y compris les emprunts à l'étranger) sont inférieurs aux versements effectués au reste du monde : cela n'est possible que si la nation a puisé dans ses réserves de change pour payer la différence ; lesdites réserves ont donc diminué.

On remarque ainsi que le solde de la balance des paiements globale entraîne forcément une variation équivalente des réserves de change :

$$BTC + BC = \text{variation des réserves de change}$$

Un excédent de la balance des paiements augmente les réserves de change, un déficit est financé par une ponction sur les réserves de change.

N.B. – Dans les statistiques de la balance des paiements française, ce que nous appelons ici « variation des réserves de change » correspond aux « mouvements de capitaux à court terme du secteur public [ou officiel : Trésor et Banque de France] et du secteur bancaire ». On parle aussi de « variation de la position monétaire extérieure ».

3

Comment ça marche ?

Les lois du marché

Nous venons de décrire les opérations économiques de chaque groupe d'agents. Une question essentielle se pose à présent : comment toutes ces opérations, mises en œuvre de façon indépendante par les différents agents, sont-elles finalement compatibles entre elles ? Si l'on adopte une vue d'ensemble du fonctionnement de l'économie nationale, on distingue clairement les différents points de rencontre, voire de confrontation, entre les agents.

Les ménages *offrent leur travail* et leurs capitaux disponibles en vue d'obtenir un revenu. Une partie de ce revenu se transforme en *demande de biens* de consommation et le reste en épargne. Cette épargne alimente une *offre de fonds prêtables* que les ménages mettent à la disposition des autres agents, soit directement, en achetant des titres (obligations, actions, bons du Trésor), soit indirectement, en déposant ces fonds dans des établissements financiers.

Tous les autres agents (entreprises financières et non financières et administrations) *demandent du travail et des biens d'investissement* en vue de produire des biens et des services. Ils *offrent des biens* de consommation et d'investissement. En contrepartie, ils obtiennent un revenu, soit par la vente de leurs biens et services, soit par des contributions volontaires, soit par des prélèvements obligatoires. Ces revenus tirés de la production sont répartis entre les agents sous différentes formes (rémunération du travail, intérêts, dividendes, loyers, bénéfices, etc.). A l'issue de cette répartition, certains agents disposent d'une *capacité de finance-*

ment et alimentent *l'offre de fonds prêtables.* D'autres agents ont, au contraire, un *besoin de financement* qui va constituer la *demande de fonds prêtables.*

Enfin, dans une économie ouverte, les agents résidents réalisent avec les agents étrangers de nombreux échanges de biens, de services, de revenus et de capitaux. Toutes ces opérations ne sont pas nécessairement équilibrées : le solde des versements effectués à l'étranger et des paiements reçus de l'étranger peut être excédentaire ou déficitaire.

Nous renvoyons l'examen du problème de l'équilibre extérieur au chapitre suivant. Si, dans un premier temps, on se concentre sur la seule économie nationale, celle-ci ne peut fonctionner que si, d'une manière ou d'une autre, les offres et les demandes se rencontrent et s'équilibrent sur les différents marchés : la demande de travail doit rencontrer une offre équivalente ; l'offre de biens et services suppose des débouchés, c'est-à-dire une demande de biens et services équivalente ; les demandes de fonds (de capitaux) ne sont satisfaites que si elles correspondent à une offre de fonds (de capitaux). En termes économiques, l'ensemble des opérations économiques des agents résidents dans l'économie nationale ne sont compatibles entre elles que s'il existe *des mécanismes qui assurent l'équilibre du marché du travail,* du *marché des biens* et des *marchés de capitaux.*

1. DU MARCHÉ THÉORIQUE AUX MARCHÉS RÉELS

Un marché est le lieu de rencontre entre une offre et une demande. Cette rencontre détermine une quantité échangée (de travail, de production, de monnaie, de titres) et un prix de vente (salaire, prix des biens, taux d'intérêt, cours boursier). En théorie, les mêmes lois de l'offre et de la demande peuvent gouverner le fonctionnement de tous les marchés. Mais dans l'économie réelle, les différents domaines d'échanges économiques correspondent plus ou moins à la théorie pure de l'offre et de la demande. Nous commencerons donc par comparer la définition théorique du marché aux caractéristiques des marchés réels.

A. Le fonctionnement théorique d'un marché concurrentiel

Les lois de l'offre et de la demande ne peuvent vraiment fonctionner que sur un *marché parfaitement concurrentiel.* Un tel marché se caractérise par le fait qu'aucun agent particulier ne peut influencer la fixation des prix. Le prix est le résultat d'un processus de libre négociation entre offreurs et demandeurs qui se poursuit jusqu'à la découverte du prix qui assure l'équilibre entre l'offre et la demande. Toutefois, le modèle du marché concurrentiel ne peut fonctionner que si un certain nombre de conditions très strictes sont remplies.

a) Les lois de l'offre et de la demande

Au chapitre précédent, nous avons énoncé deux hypothèses :

– l'offre d'un bien est une fonction croissante de son prix ;
– la demande d'un bien est une fonction décroissante de son prix.

Il est commode de donner une représentation graphique de ces deux lois. Sur la figure 1, nous portons la quantité d'un bien quelconque sur l'axe horizontal et le prix de vente de ce bien sur l'axe vertical. On peut imaginer les quantités qui seraient offertes par les producteurs pour différents prix et représenter par un point chaque combinaison prix-quantité. Il existe en fait une infinité de combinaisons de ce type : autant qu'il existe de prix possibles. Si l'on joint tous les points ainsi obtenus, on doit découvrir un tracé du type de la courbe O. Cette courbe est forcément croissante puisque les quantités offertes augmentent quand le prix augmente. En procédant de la même façon pour les quantités demandées à différents prix, on obtient un tracé décroissant, du type de la courbe D.

Figure 1

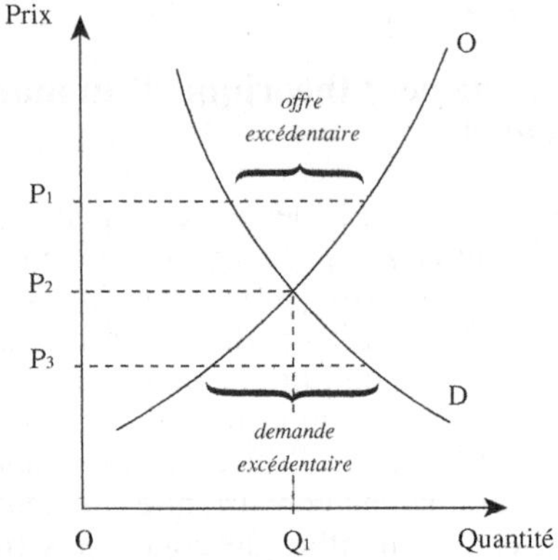

Sur un marché concurrentiel, le prix est librement négocié entre les offreurs et les demandeurs jusqu'au moment où l'offre est égale à la demande. On voit qu'il n'existe qu'un seul prix (ici, P_1) pour lequel l'offre et la demande sont équivalentes : on l'appelle *le prix d'équilibre,* ou encore le *prix de marché.*

Il s'agit d'un prix d'équilibre parce que la fixation de tout prix plus faible ou plus élevé enclenche un mécanisme d'ajustement automatique qui ramène en P_1. Par exemple, un prix fixé en P_2 entraîne une *offre excédentaire* (offre supérieure à la demande). Les producteurs ne parviennent pas à écouler tous leurs produits à ce prix. La concurrence entre les producteurs entraîne alors une baisse des prix jusqu'en P_1. Si, au contraire, le prix est fixé en P_3, il y a une *demande excédentaire* (demande supérieure à l'offre) et la concurrence entre les acheteurs pour obtenir les biens fait monter le prix jusqu'en P_1.

• ***Les mécanismes d'ajustement du prix d'équilibre***

La figure 2-a illustre ce qui se produit sur un marché à la suite d'une variation de la demande. Plusieurs facteurs peuvent pousser la courbe de demande vers le haut et notamment : une élévation des salaires réels, ou des prestations sociales, ou de la demande étrangère, ou bien encore une augmentation du prix des autres biens substituables. Si, pour une raison quelconque, la demande augmente de D_1 en D_2, le prix P_1 n'est plus un prix d'équilibre : il existe désormais une *demande excédentaire* par rapport à l'offre, qui peut se mesurer par la distance entre Q_1 et Q_3.

Figure 2-a
Variations de la demande

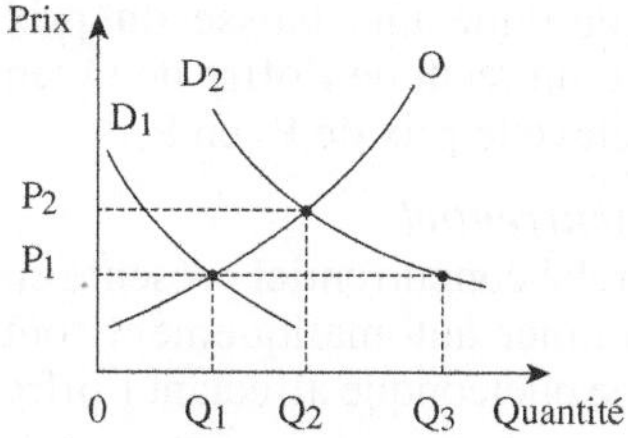

Figure 2-b
Variations de l'offre

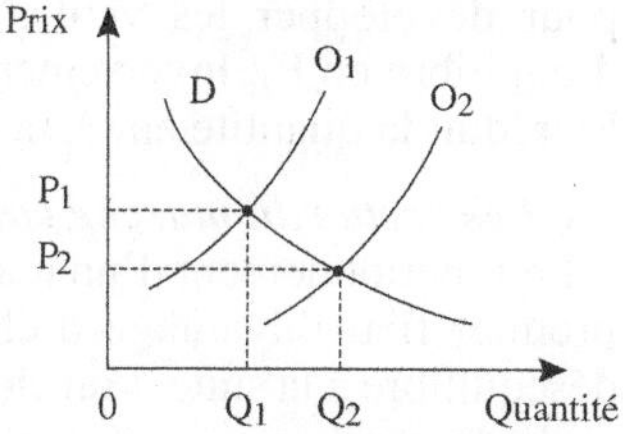

Dans une économie planifiée, où les prix sont fixés par l'administration et non par la libre négociation sur les marchés, le prix reste momentanément en P_1 et la demande excédentaire ne peut être satisfaite ; on observe alors la formation d'une *file d'attente*, les demandeurs étant servis par ordre d'arrivée jusqu'à épuisement de l'offre, à moins que l'on ne mette en place des critères réglementaires d'attribution prioritaire des biens disponibles (âge, sexe, nationalité, appartenance à un groupe politique, etc.). Dans une économie de marché, la libre négociation est censée résorber automatiquement l'excédent de demande. La pression de la demande entraîne en effet une augmentation du prix en P_2 : l'équilibre entre l'offre et la demande est rétabli pour une quantité Q_2.

On pourrait raisonner dans l'autre sens : quand la demande passe de D_2 en D_1, le prix baisse de P_2 en P_1 et la quantité de Q_2 en Q_1.

Examinons à présent les mécanismes d'ajustement à un déplacement de la courbe d'offre. Tout événement qui abaisse les coûts de production quelle que soit la quantité produite (une baisse du prix des matières premières, des salaires réels, des impôts, ou bien des économies d'échelle, des innovations améliorant la productivité) pousse la courbe d'offre vers la droite. En effet, pour un prix donné, une baisse du coût unitaire améliore le profit associé à une production supplémentaire et incite les producteurs à offrir davantage de biens. Inversement, tout événement qui élève les coûts de production, toutes choses étant égales par ailleurs, pousse la courbe d'offre vers la gauche.

La figure 2-b illustre les effets d'une augmentation de l'offre de O_1 en O_2. Au prix initial P_1, il y a désormais une offre excédentaire. La concurrence entre les producteurs pour développer les ventes entraîne une baisse du prix d'équilibre en P_2. Inversement, un recul de l'offre de O_2 en O_1 réduit la quantité en Q_1 et élève le prix de P_2 en P_1.

• ***Les vertus du marché concurrentiel***

Le fonctionnement d'un marché concurrentiel présente en premier lieu l'avantage d'éliminer automatiquement tout déséquilibre à la suite d'un choc quelconque affectant l'offre ou la demande.

De plus, les variations de prix jouent un rôle de *signal efficace* pour l'affectation des facteurs de production aux différentes activités. Les producteurs sont incités à affecter plus de facteurs aux produits dont les prix montent et moins de facteurs aux produits dont les prix baissent. Ainsi, quoique motivés par leur seul intérêt (la recherche du profit maximum), ils répondent aussi à l'attente de la collectivité en adaptant continuellement la structure de la production à celle de la demande. Cette observation a inspiré à Adam Smith (en 1766) une image célèbre : tout se passe comme si *une main invisible* conduisait des actions individuelles parfaitement égoïstes vers la réalisation du bien commun. A l'opposé, un système de prix et de production planifiés laisse subsister des pénuries majeures pour les produits les plus demandés et des surproductions inutiles dans d'autres secteurs. Même si les planificateurs ont le souhait de satisfaire la demande, il leur faut du temps pour acquérir l'information sur les pénuries et les surproductions, mesurer leur ampleur et modifier leurs plans ; ensuite, ils ne savent pas dans quelle mesure ils doivent rectifier les prix et les productions pour atteindre l'équilibre ; ils doivent donc procéder à des changements de prix et de production hasardeux, attendre le résultat au cours de l'année suivante, mesurer à nouveau les pénuries et les surproductions éventuelles, et ainsi de suite. Un marché parfaitement concurrentiel évite ce long et coûteux processus d'acquisition de l'information. L'information sur les offres et les demandes excédentaires est instantanément et continuellement reflétée dans les prix, qui indiquent aux entreprises dans quel sens elles doivent ajuster leurs productions.

Enfin, la concurrence et la flexibilité des prix tendent à abaisser les coûts moyens de production à long terme. En effet, quand les entreprises réalisent des profits sur un marché, elles sont incitées à développer leurs capacités de production (leur échelle). De nouveaux producteurs sont également attirés sur le marché. A long terme, donc, l'offre se déplace spontanément vers la droite, tant qu'il subsiste des profits. En conséquence, pour une demande donnée, le prix tend à baisser régulièrement jusqu'à la disparition des profits. Cette tendance systématique à la baisse des profits incite les entreprises à rechercher en permanence comment abaisser les coûts de production pour rétablir les profits. La collectivité peut ainsi accéder à des quantités croissantes des biens dont elle a besoin, avec des coûts de production et à des prix réels de plus en plus bas.

Tous les mécanismes décrits ci-dessus peuvent *en théorie* s'appliquer à *n'importe quel marché* : pour décrire le marché du travail, on peut reprendre les figures 1 et 2 en remplaçant la quantité de bien par la quantité de travail et le prix par le salaire réel ; pour décrire le marché monétaire, on porte sur l'axe horizontal la quantité de monnaie et sur l'axe vertical le taux d'intérêt ; et ainsi de suite pour tout autre marché. La question est de savoir si tous les marchés peuvent fonctionner selon les lois pures de l'offre et de la demande. Les mécanismes d'ajustement automatique d'un marché parfaitement concurrentiel supposent en effet que soient réunies plusieurs conditions très strictes.

b) Les conditions de la concurrence parfaite

L'analyse économique traditionnelle a retenu cinq conditions nécessaires au jeu parfait de la concurrence : *atomicité des agents, liberté d'entrée sur le marché, homogénéité des produits, information parfaite, parfaite mobilité des facteurs*. Depuis les années 1980, la *théorie des marchés contestables* a mis l'accent sur une condition nouvelle et souvent plus proche de la vraie nature du processus concurrentiel : la *contestabilité*.

• ***Les cinq conditions traditionnelles***

1. L'*atomicité* implique la présence d'un grand nombre d'offreurs et de demandeurs, tous de taille réduite (des « atomes ») par rapport à celle du marché. Ainsi, aucun vendeur ou acheteur ne représente un poids suffisant pour influencer les conditions du marché et notamment le prix d'équilibre. Sur le marché des biens, chaque producteur représente une part tellement infime de la production totale que ses décisions sur le volume de production, quelle que soit leur ampleur, n'affectent pas vraiment l'offre totale et donc le prix de marché. Il n'y a ni monopole, ni entente entre des groupes d'entreprises, ni entreprise dominante, ni monopsone (un seul acheteur). Personne ne fixe donc le prix d'équilibre ; il est déterminé par le marché et s'impose à tous les agents. Sur le marché du travail, aucun travailleur ou groupe de travailleurs ne peut prendre de décisions susceptibles de modifier sensiblement la quantité globale de travail disponible et donc le salaire d'équilibre. Il n'y a pas de syndicats regroupant les individus en groupes de pression.

2. La *libre entrée* suppose l'absence de toute entrave à l'accès des offreurs ou des demandeurs sur le marché. Cela exclut tout droit d'entrée et toute réglementation imposant des conditions préalables à l'exercice d'une activité.

3. Les produits ou les services échangés sur un marché donné sont *parfaitement homogènes*, c'est-à-dire que leurs utilisateurs considèrent chacune des unités proposées par les différents offreurs comme totalement interchangeables. Concrètement, sur le marché des biens, les acheteurs sont complètement indifférents à l'identité du producteur (marque, nationalité, ancienneté de la relation d'échange, etc.). Sur le marché du travail, les employeurs sont indifférents à la personnalité des travailleurs ; ils n'établissent pas une relation « avec quelqu'un » ; ils n'achètent que des heures d'électricien, des heures de soudeur, des heures de

représentant de commerce, etc., et sont indifférents au fait que ces heures soient assurées par tel ou tel. L'homogénéité garantit que les offreurs et les demandeurs ne discutent que des quantités et des prix des produits. Si le produit n'est pas parfaitement homogène, la loi du marché concurrentiel est remise en question parce que l'offre et la demande ne sont plus seulement fonction du prix mais de toutes les caractéristiques qui sont susceptibles de différencier chaque unité échangée sur le marché.

4. L'*information est parfaite* (on parle alors de « transparence » du marché). Tous les offreurs et tous les demandeurs connaissent en même temps, instantanément et sans coûts, toutes les informations utiles concernant les échanges sur le marché. En effet, la concurrence ne joue que si, à chaque instant, tout le monde connaît les prix proposés et les quantités offertes ou demandées par tous les autres agents. Tout événement susceptible de modifier les conditions d'échange est connu aussitôt par tout le monde.

5. La *mobilité des facteurs* est parfaite. Il n'existe aucun obstacle au déplacement des travailleurs et des capitaux entre les différents producteurs ou secteurs d'activité. Le processus concurrentiel suppose en effet que les entreprises puissent déplacer continuellement les facteurs d'un produit à un autre pour s'adapter aux variations de la demande. A court terme, où le facteur travail assure l'ajustement du volume de production, les employeurs doivent être en mesure de déplacer d'une activité à une autre *n'importe quel volume* d'heures de travail ou de salariés, et cela, *instantanément* !

• ***La théorie des marchés contestables***

Développée dans les années 1980, cette théorie remet partiellement en cause la condition d'atomicité. Elle montre que le degré de concurrence sur un marché ne dépend pas toujours du *nombre et de la taille* des entreprises, mais de la possibilité pour des *concurrents potentiels* de *contester la position acquise* par les producteurs en place.

Un marché est « contestable » s'il remplit deux conditions :

– l'entrée y est totalement libre ;

– les coûts de sortie du marché sont très faibles, c'est-à-dire que les « contestataires » qui tentent une percée sur le marché peuvent toujours, en cas d'échec, se retirer sans grandes pertes ; les coûts engagés pour entrer sur le marché (frais d'étude, investissements, publicité) sont donc ou très faibles, ou facilement récupérables (on peut revendre ou utiliser autrement les équipements et les études réalisées).

Le secteur des services aux particuliers offre de nombreux exemples de marchés parfaitement contestables : cours particuliers, gardes d'enfants, agences matrimoniales, séminaires de formation professionnelle, agences de voyages, etc. Toutes ces activités se caractérisent par l'absence ou la faiblesse des investissements de départ. Les équipements éventuellement nécessaires (bureaux, machines à écrire, etc.) sont très facilement réutilisables dans d'autres activités ou peuvent être cédés à d'autres agents. Des individus ou des entreprises entrant sur ces marchés ne prennent donc pratiquement aucun risque en cas d'échec. Ils pourront se retirer sans subir de coûts vraiment significatifs.

Si un marché est vraiment contestable, peu importe le nombre et la taille des entreprises. Pour éviter les entrées potentielles sur le marché, un petit nombre de producteurs dominant le marché, et même un monopole, peuvent être contraints de se comporter exactement comme s'ils étaient directement confrontés à la rivalité d'un très grand nombre de concurrents. En effet, si des producteurs se mettent à exploiter leur position dominante pour réaliser des superprofits en pratiquant des prix élevés, ils attireront inéluctablement d'autres producteurs. Rien n'empêche d'autres entreprises d'entrer sur ce marché devenu très profitable, d'empocher leur part des superprofits et de se retirer dès que les firmes en place réagissent en abaissant leurs prix. La seule façon d'éviter des « raids » de ce genre est d'agir comme une firme en situation de concurrence traditionnelle. Autrement dit, sur un marché contestable, les *entrées potentielles* de nouveaux concurrents exercent la même pression concurrentielle que leur *présence effective*.

B. De la théorie à la réalité : deux types de marchés

Dans la réalité, on peut distinguer deux grandes catégories de marchés. Certains peuvent remplir à peu près la plupart des conditions énumérées ci-dessus, à condition que les pouvoirs publics ne s'y opposent pas par des réglementations : il s'agit des marchés de capitaux. En revanche, et quand bien même les pouvoirs publics le souhaiteraient, la plupart des marchés de biens et le marché du travail ne peuvent remplir pratiquement aucune des conditions de la concurrence parfaite.

a) Des marchés de capitaux presque parfaits

Sur les marchés de capitaux, en dehors des interventions et réglementations du gouvernement ou de la banque centrale, il existe *un grand nombre d'offreurs et de demandeurs* et aucun ne peut imposer sa loi sur les taux d'intérêt, le cours des titres en Bourse ou les taux de change. Ces différents prix sont le résultat de la libre négociation et de la confrontation des offres et des demandes. En outre, en l'absence de réglementations, le nombre d'offreurs et de demandeurs ne se limite pas aux agents résidents : les marchés de capitaux sont aisément accessibles à n'importe quel intervenant dans le monde parce qu'un coup de téléphone à un intermédiaire financier suffit pour passer un ordre d'achat ou de vente sur n'importe quelle Bourse.

Les produits financiers (monnaies, titres, crédits) sont *parfaitement homogènes* ; les agents ne s'intéressent donc à aucune autre caractéristique du produit que son prix. En effet, sur le marché monétaire, par exemple, un franc prêté pendant un jour est équivalent à n'importe quel autre franc prêté pendant un jour. Aucune banque ne peut pratiquer un taux d'intérêt supérieur au taux du marché en prétextant que les francs qu'elle prête sont de meilleure qualité que ceux offerts par les autres banques ! Et sur la Bourse des valeurs mobilières, rien ne ressemble plus à une action de l'entreprise Dupont qu'une autre action de l'entreprise Dupont !

Cela paraît une évidence ; mais quand on regarde du côté des marchés non financiers, l'homogénéité du produit disparaît presque toujours.

Sur les marchés de capitaux, *l'information circule vite et bien* parce que *toutes* les offres et les demandes pour un même produit homogène peuvent être confrontées pratiquement en permanence en un même endroit (Bourse) ou sur un même réseau de télécommunications (marché monétaire et marché des changes). De ce fait, tout le monde connaît en même temps les conditions du marché à un moment donné. Les prix d'équilibre peuvent être fixés et ajustés très rapidement. Toute information nouvelle affectant la façon dont les agents prévoient l'évolution d'un cours boursier, d'un taux d'intérêt ou d'un taux de change se traduit presque instantanément par une modification de leurs offres et de leurs demandes et donc des prix d'équilibre. Lorsqu'un agent particulier dispose seul d'une information privilégiée (on dit qu'il est « initié »), d'une certaine façon il communique son information aux autres agents en passant des ordres de vente ou d'achat dont les effets sont immédiatement visibles par tous sur le marché.

En l'absence de réglementations, *la mobilité des capitaux est forte,* et parfois presque parfaite, parce que les capitaux circulent sous la forme d'ordres de virement entre comptes bancaires donnés par téléphone, télex et terminaux d'ordinateurs. Si les taux d'intérêt deviennent plus rémunérateurs à Francfort qu'à Paris, il ne faut guère plus de quelques minutes pour passer des ordres de virement et déplacer des capitaux entre la France et l'Allemagne par un simple jeu d'écriture électronique.

b) Des marchés très imparfaits : les biens et le travail

Sur la plupart des marchés de produits industriels, *l'atomicité est un phénomène rare* : il existe en général quelques grandes entreprises qui assurent l'essentiel de la production et fixent les prix de vente. C'est particulièrement le cas pour les produits industriels parce que la croissance pousse naturellement à la concentration des entreprises en vue de tirer le meilleur parti des économies d'échelle. L'atomicité existe plus souvent dans le secteur des services, en particulier dans le commerce de détail et les services aux ménages où coexistent en général un grand nombre de points de vente concurrents. Toutefois, même dans ce dernier cas, la concurrence peut se trouver réduite par la distance qui sépare les différents points de vente. Dès l'instant où il faut parcourir plusieurs kilomètres pour trouver une autre entreprise offrant les mêmes services, chaque producteur retrouve un certain pouvoir de monopole sur *son territoire*. Les marchés de capitaux ignorent cet obstacle à la concurrence car les échanges se font tous en un même lieu physique (la Bourse) ou sur un même réseau de télécommunications transformant la planète entière en un lieu unique.

Sur le marché du travail, l'atomicité n'est pas davantage préservée. Dans certains secteurs, le nombre d'employeurs est restreint aux quelques grandes entreprises qui dominent une profession ; l'État, dans de nombreux pays, emploie une proportion importante de la population active ; certains agents peuvent donc exercer un effet sensible sur la demande de travail globale et les salaires du marché. Il existe également des syndicats, qui limitent en fait le nombre d'offreurs de travail et la concurrence entre travailleurs en centralisant les négociations avec les employeurs.

Indépendamment de toute réglementation, les coûts d'entrée dans bon nombre de secteurs industriels sont élevés en raison de l'ampleur des investissements nécessaires. En conséquence, la *contestabilité* de ces marchés se trouve réduite. Prenons un exemple : pour contester la position d'un grand constructeur automobile, il faut mettre au point des modèles de véhicules, construire des usines, lancer une production à grande échelle, et réaliser une campagne de communication et de publicité extrêmement onéreuse. En cas d'échec, la plupart des frais d'études et les frais de communication seront définitivement perdus, et les chaînes de montage seront en grande partie impropres à un autre usage. Le coût de sortie éventuelle est donc considérable et assez dissuasif pour d'éventuels concurrents. Au lieu de risquer un *raid sur un marché* difficilement contestable, il serait souvent moins long et moins risqué de tenter *un raid sur les actions* d'un producteur déjà présent sur ce marché : on lance une offre publique d'achat aux actionnaires de l'entreprise convoitée en vue d'acheter un volume suffisant d'actions pour en prendre le contrôle. Si cette tentative échoue, on peut toujours se retirer, en ne perdant essentiellement que les frais de communication engagés pour séduire les actionnaires.

L'homogénéité des biens et services est *pratiquement impossible.* En effet, les producteurs de biens et services peuvent différencier leur produit en jouant sur d'autres caractéristiques que le prix de vente. Ainsi, des baguettes de pain de même taille, de même poids, de même composition, de même goût et de même cuisson, vendues dans des boulangeries concurrentes, ne sont pas des produits parfaitement homogènes. Pourquoi ? Parce qu'il y a des baguettes avec sourire de la boulangère, dans une boulangerie flambant neuve et ouverte à toute heure, et d'autres sans tous ces attributs ! Si l'on pouvait centraliser toutes les offres et toutes les demandes de baguettes avec sourire, dans une boulangerie neuve ouverte à toute heure, alors l'homogénéité du produit mettrait les vendeurs présents sur ce marché en concurrence parfaite. De façon plus générale, les producteurs de biens et services peuvent le plus souvent différencier leur produit de celui des concurrents en jouant sur des *services associés à la vente* (service après-vente, livraison, délais), sur les *caractéristiques objectives* du produit (qualité, solidité, couleur) ou encore sur des *caractéristiques subjectives* (le prestige de la marque, la mode, etc.). L'une des raisons du développement considérable de la publicité dans les pays industrialisés tient à ce souci constant qu'ont les producteurs de persuader les acheteurs que leur produit, contrairement aux apparences, n'est pas identique à celui des concurrents. Lorsque cette différenciation est réussie, les producteurs se retrouvent avec une sorte de *monopole* : ils sont les seuls à produire un bien ou un service ayant telle ou telle caractéristique. Peugeot SA est bien la seule entreprise à produire des automobiles « Peugeot », et ni Renault ni Volkswagen, ni aucune autre entreprise, ne peuvent lui faire de concurrence sur ce terrain ! Comme un monopole, le producteur retrouve alors le pouvoir de fixer son prix de vente et la pression de la concurrence ne s'exerce plus uniquement sur le prix, mais aussi sur les caractéristiques du produit. Les économistes qualifient ce mélange de concurrence et de monopole de « concurrence monopolistique ».

Sur le marché du travail, la différenciation est également la règle. Bien souvent, pour l'employeur, *le travail n'est pas une simple marchandise homogène* dont on ne considère que la quantité et le prix. La même quantité de travail offerte pour le même poste, au même prix, par deux personnes différentes possédant les mêmes diplômes, ne sera pas toujours considérée comme un facteur de production identique. En effet, la qualité et la productivité du travail dépendent de la quantité de travail mais aussi de la motivation et du capital humain des salariés. L'employeur s'intéresse donc également aux talents, aux défauts, à la capacité d'adaptation, aux motivations, à la sociabilité, à la stabilité professionnelle, à l'honnêteté, à l'ancienneté, etc., de ses employés : chaque individu correspond à une combinaison unique des différentes caractéristiques susceptibles de l'intéresser. Le travail n'est donc pas une marchandise homogène. En conséquence, la concurrence entre les travailleurs pour obtenir des emplois ne joue pas uniquement sur la quantité de travail et le salaire. De même, les individus à la recherche d'un emploi ne s'intéressent pas qu'à la quantité de travail demandée et au salaire offert par les employeurs. Ils tiennent également compte de la réputation de l'entreprise, de sa localisation, des données relatives aux autres salariés, de la taille de leur bureau, de l'intitulé du poste, des perspectives d'évolution, etc. La concurrence entre les employeurs pour attirer les travailleurs ne joue donc pas non plus uniquement sur le prix du travail.

Sur les marchés non financiers, l'*information* n'est jamais parfaite. A court terme, la difficulté à disposer des informations pertinentes peut plonger les agents dans une situation de grande incertitude. Il n'existe aucune bourse, aucun réseau de télécommunications qui permettent aux travailleurs et aux employeurs de savoir en même temps quelles sont toutes les offres et les demandes d'emplois disponibles sur le marché du travail, avec toutes leurs caractéristiques (salaire, définition des postes, caractéristiques des travailleurs, etc.). De même, les commerçants et les consommateurs d'une ville ne peuvent pas savoir à tout moment comment évolue le prix d'un produit particulier dans tous les points de vente. Les producteurs ne savent pas à chaque instant comment évolue l'offre de tous leurs concurrents et la demande de tous leurs clients potentiels ; ils ne le découvrent qu'après coup, progressivement. En outre, le problème de l'information est compliqué par l'hétérogénéité des produits, qui multiplie les caractéristiques à connaître, tandis que pour des produits financiers homogènes, les agents se contentent d'une information sur les quantités et les prix.

Enfin, la *mobilité des facteurs de production est bien plus réduite que celle des capitaux,* parce que les premiers ne peuvent circuler par téléphone. Pour un industriel français, il est plus simple de racheter un concurrent allemand sur la Bourse de Francfort que d'installer une usine outre-Rhin. Dans une certaine mesure, la mobilité des capitaux financiers sert de substitut à la mobilité du capital physique (les équipements). La *mobilité du travail est encore plus limitée* que celle des biens d'équipement. Il n'est pas nécessaire de demander leur avis aux machines pour les expédier n'importe où. En revanche, les travailleurs ne sont pas généralement disposés, comme l'exigerait la condition de mobilité des facteurs, à changer du jour au lendemain de ville, d'entreprise, de métier, de poste, ou même parfois de bureau ou d'atelier.

Au total, il apparaît que si les marchés de capitaux peuvent éventuellement remplir les conditions d'une concurrence presque parfaite, en revanche cela est impossible pour la plupart des marchés de biens et pour le marché du travail. Le fonctionnement concret de ces deux types de marchés sera donc très différent.

2. LE FONCTIONNEMENT CONCRET DES MARCHÉS

Sur les marchés de capitaux, les conditions de la concurrence entre les offres et les demandes étant habituellement remplies, les lois de l'offre et de la demande peuvent fonctionner : la libre et permanente fluctuation des prix assure, vingt-quatre heures sur vingt-quatre, un équilibre automatique des offres et des demandes. En un mot, la loi de l'offre et de la demande fonctionne tout simplement parce que les marchés existent concrètement.

Inversement, dans la plupart des autres secteurs, le marché reste un concept abstrait. Concrètement, les offres et les demandes ne peuvent pas se rencontrer en permanence sur un marché effectif. En conséquence, face aux mouvements de l'offre et de la demande, les *nouveaux prix* d'équilibre ne peuvent pas être rapidement déterminés et les agents commencent le plus souvent par *ajuster les quantités aux anciens prix*.

A. Les marchés de capitaux : l'ajustement par les prix

Nous commencerons par dresser un tableau des différents marchés de capitaux et de leurs fonctions. Selon les pays et les époques, ces marchés peuvent être cloisonnés (des marchés indépendants où interviennent des agents différents et dans des lieux ou sur des réseaux de communication séparés) ou bien, au contraire, intégrés en un vaste marché où se négocient plusieurs types de fonds et d'actifs financiers. Dans les pays industrialisés, depuis les années 1980, la tendance a toujours été au décloisonnement des différents marchés. Cependant, que les marchés soient ou non séparés dans la réalité, la liste proposée ci-dessous reste économiquement significative dans la mesure où les opérations correspondant à chaque marché sont bien distinctes. Après la revue des principaux marchés, nous illustrerons les mécanismes d'ajustement par les prix sur le marché le plus proche du modèle de la concurrence parfaite : la Bourse des valeurs mobilières.

a) La revue des principaux marchés

• *Marchés nationaux de capitaux*

1. Le *marché monétaire* est le marché des fonds à court ou moyen terme (1 jour à 7 ans). Il comprend un *marché interbancaire* et un *marché des titres du marché monétaire.*

– *Le marché monétaire interbancaire* est réservé aux banques, qui s'échangent leurs avoirs en compte à la banque centrale (par téléphone ou télex). Les offres et les demandes de prêts sont centralisées et confrontées par des intermédiaires spécialisés. L'essentiel des échanges porte sur les prêts d'argent au jour le jour ou pour des durées assez courtes. L'équilibre entre l'offre et la demande sur ce marché détermine le *loyer de l'argent* pour les banques qui ont besoin de monnaie banque centrale pour accorder des crédits à leurs clients et satisfaire à leurs obligations en matière de réserves obligatoires. Les conditions du marché monétaire déterminent ainsi le *taux de base bancaire,* taux d'intérêt à partir duquel les banques vont fixer les taux des différents crédits qu'elles consentent, en y ajoutant une marge de profit variable selon la nature des prêts, leur durée et les risques qui y sont associés.

– Le *marché des titres du marché monétaire* (billets de trésorerie, certificats de dépôts, bons du Trésor négociables) est ouvert à tous les agents, mais les prêts et emprunts portent sur un montant minimum élevé (en France, 1 million de francs). Les échanges se font par téléphone, de gré à gré, c'est-à-dire par libre négociation directe entre le prêteur et l'emprunteur, sans centralisation par des intermédiaires financiers. Cependant, la concurrence joue entre les différents participants dans la mesure où les principales institutions financières intervenant sur ce marché affichent en permanence les différents taux d'intérêt offerts ou demandés.

2. Le *marché financier* est le marché des fonds prêtables à long terme (7 à 15 ans). On peut distinguer le *marché primaire* et le *marché secondaire.*

– Le *marché primaire* porte sur la première mise en vente des titres nouvellement émis (obligations, actions, etc.).

– Le *marché secondaire,* qu'on appelle plus communément la Bourse, est un *marché de l'occasion* où l'on peut renégocier les titres déjà émis. Les Bourses des valeurs mobilières sont des *lieux concrets* où les offreurs et les demandeurs, ou leurs représentants, sont présents physiquement.

3. Le *marché hypothécaire* est le marché où s'échangent des titres représentatifs de prêts hypothécaires. Les prêts hypothécaires sont des prêts à long terme destinés à financer des achats immobiliers ; le remboursement de l'emprunt est garanti par une hypothèque qui permet au prêteur, en cas de défaut de l'emprunteur, de vendre le bien acheté pour récupérer ses fonds.

• ***Marchés internationaux de capitaux***

1. Le *marché des changes* assure les échanges entre les différentes monnaies nationales. Seuls les *cambistes* (spécialistes du change dans les banques), des intermédiaires spécialisés (*courtiers*) ou des banques centrales interviennent sur ce marché. Les agents non financiers, pour leur part, adressent leurs ordres d'achat ou de vente de devises aux banques. Le marché des changes est un marché mondial constitué par des réseaux de télécommunications spécialisés. Chaque intervenant sur ce marché a en permanence sous les yeux des écrans indiquant les cours auxquels sont en train de se négocier toutes les monnaies en différents points de la planète. Ces cours évoluent vingt-quatre heures sur vingt-quatre dans la mesure où, à toute heure, il y a au moins un marché ouvert quelque part dans le monde. Le taux de change d'une monnaie par rapport à une autre fluctue donc continuellement au gré de l'offre et de la demande. Si la demande de dollars contre francs augmente, le dollar *s'apprécie* par rapport au franc (le franc se *déprécie* par rapport au dollar) ; inversement, si la demande de francs contre dollars augmente, le dollar se déprécie par rapport au franc (le franc s'apprécie par rapport au dollar). Et il en va ainsi pour le taux de change de chaque monnaie dans chacune des autres monnaies. Les banques centrales interviennent pour demander (acheter) la monnaie de leur

pays quand elles veulent empêcher sa dépréciation, ou bien pour offrir (vendre) cette monnaie si elles souhaitent éviter son appréciation.

2. *Les euromarchés*. Il s'agit essentiellement du marché des *eurodevises* et des *euro-émissions*.

– Les *eurodevises* sont des devises détenues en dépôt dans des comptes bancaires par des agents non résidents dans le pays émetteur de ces devises. Par exemple, les *eurodollars* sont des dollars détenus par des agents non résidents aux États-Unis, les *eurofrancs* sont des francs détenus par des agents non résidents en France, etc. A la différence du marché des changes, où l'on *achète* et *vend* des devises, le marché des eurodevises permet d'*emprunter* ou de *prêter* des devises à court terme ou moyen terme (de 1 jour à 1 an, le plus souvent). Le marché étant international, son fonctionnement échappe à toute réglementation ; un gouvernement ne peut que définir les conditions d'accès de ses ressortissants à ce marché.

– Le *marché des euro-émissions* est le marché des titres (obligations, bons) émis sur le marché international pour lever des capitaux à long terme (de 7 à 20 ans).

En conclusion de cette revue des marchés, soulignons le fait que la loi de l'offre et de la demande peut jouer, quel que soit le produit financier concerné, parce qu'il existe toujours un moyen de confronter rapidement l'ensemble des offres et des demandes. Les agents intéressés ont accès rapidement et en permanence à l'information sur l'ensemble des conditions d'échange pratiquées dans le monde entier. La concurrence peut donc jouer pleinement, sous la seule réserve que les pouvoirs publics veuillent laisser jouer cette concurrence sur les marchés nationaux, et laisser à leurs ressortissants un libre accès aux marchés internationaux.

b) L'ajustement par les prix : le cours des titres en Bourse

La Bourse est un marché de l'occasion des titres à long terme négociables (actions, obligations, etc. [cf. chapitre 2, **4. A.** *a)*]. Chaque jour, l'ensemble des agents économiques peuvent transmettre leurs ordres d'achat et de vente de titres à leur banque ou à des intermédiaires spécialisés (*les agents de change* en France) qui négocient en Bourse. Le cours (ou prix) d'un titre, à un moment donné, est fixé au niveau qui permet d'équilibrer au mieux les quantités offertes et demandées.

• ***La fixation du cours des titres***

La méthode de fixation des cours (de cotation) prenait à l'origine deux formes, l'une orale, l'autre écrite, progressivement supplantées par le calcul informatique.

La *cotation à la criée* rassemble tous les agents présents autour d'un agent de change qui joue à peu près le rôle d'un commissaire-priseur dans une vente aux enchères. Il crie le cours du titre enregistré la veille. En réponse, les différents intervenants crient ce qu'ils sont disposés à offrir ou à demander à ce cours. Si l'offre paraît supérieure à la demande, le cours est trop élevé pour écouler tous les titres offerts. Le commissaire-priseur crie alors un autre prix plus faible pour freiner l'offre et stimuler la demande, et ainsi de suite jusqu'à l'équilibre. Si la demande est supérieure à l'offre, l'agent de change crie un prix plus élevé autant de fois que nécessaire pour atteindre l'équilibre. On passe ensuite à la cotation d'un autre titre.

Une *cotation écrite* est également possible. Un agent de change rassemble tous les ordres écrits d'achat et de vente présentés pour un titre particulier par tous les intermédiaires présents sur le marché ; il dresse le tableau des quantités offertes et demandées à différents prix et détermine le cours qui permet d'équilibrer l'offre et la demande.

Depuis les années 1980, le traitement informatique des ordres d'achat et de vente s'est généralisé et permet une *cotation en continu*. Dans ce cas, le cours n'est pas fixé une fois par jour à un moment donné, mais connaît une succession de cotations tout au long de la période d'ouverture de la Bourse, au fur et à mesure que de nouveaux ordres d'achat ou de vente sont présentés. On s'approche là au mieux du concept théorique de marché concurrentiel où le prix d'équilibre est susceptible de fluctuer en permanence pour adapter continuellement l'offre et la demande.

• ***Les facteurs d'évolution des cours boursiers***

Le cours des titres en Bourse suit purement et simplement la loi de l'offre et de la demande. Si un titre est plus demandé qu'offert, son cours s'élève ; s'il est plus offert que demandé, son cours régresse. Parmi les facteurs susceptibles d'influencer les cours, il y a tout d'abord des facteurs généraux, qui affectent l'ensemble des titres dans le même sens. Ainsi, un développement de l'épargne disponible ou une confiance accrue dans la prospérité économique du pays stimulent la demande de titres et orientent les cours à la hausse. La confiance dans la prospérité d'un pays dépend elle-même d'un certain nombre d'indicateurs économiques (croissance, chômage, inflation, balance des paiements) ; elle peut aussi être affectée par des événements politiques (élections, mesures de politique économique effectives ou attendues, conflits sociaux, etc.). Pour modifier leurs offres et leurs demandes de titres, les agents n'attendent pas que les différents facteurs aient effectivement agi sur l'économie. Ils cherchent à éviter toute perte en vendant des titres dont la valeur recule, ou à saisir toute opportunité de gain en achetant des titres dont le cours va monter. Ils doivent donc prévoir (anticiper) l'évolution des cours pour prendre leurs décisions.

A côté des facteurs généraux, il existe des facteurs spécifiques à tel ou tel titre ou catégorie de titres. Ainsi, le cours des obligations à revenu fixe est directement influencé par le niveau des taux d'intérêt. En effet, si les taux d'intérêt augmentent, personne ne veut plus détenir les anciennes obligations, dont le taux de rémunération annuelle est inférieur à celui des obligations nouvellement émises. Il s'ensuit une offre importante d'obligations anciennes en Bourse, et leur cours recule jusqu'à ce que la rémunération fixe annuelle, divisée par le prix d'achat de l'obligation, représente un taux de rémunération (en pourcentage) équivalent au nouveau taux d'intérêt. Inversement, si les taux d'intérêt reculent, tout le monde veut détenir les obligations anciennes, dont le taux de rémunération est plus avantageux. Il s'ensuit une forte demande d'obligations en Bourse, et leur cours monte. Le cours des obligations à rémunération fixe varie donc en sens inverse des taux d'intérêt. Les taux d'intérêt peuvent également influencer le marché des actions dans la mesure où les investisseurs rationnels comparent le taux de rendement des différentes formes de placement. *Toutes choses étant égales par ailleurs,* une meilleure rémunération des nouvelles obligations peut détourner une partie des fonds placés en actions vers les obligations, et faire reculer le cours des actions délaissées jusqu'à un nouveau prix d'équilibre.

En ce qui concerne le cours d'une action particulière, les informations susceptibles de modifier les anticipations des agents sur la santé de l'entreprise et en particulier sur ses profits, jouent un rôle essentiel en Bourse (signature de gros contrats, fusion avec d'autres entreprises, conflit social, changement de direction, nouvelle réglementation dans le secteur d'activité, etc.). En effet, la rémunération des investisseurs vient des dividendes, dont le niveau est directement lié à celui des profits.

• ***La spéculation fait des bulles***

Nous avons déjà souligné que les agents ne doivent pas attendre de constater l'évolution des cours en Bourse pour modifier leurs ordres d'achat et de vente. Ils sont contraints de *spéculer,* c'est-à-dire de procéder à des opérations à partir d'hypothèses sur l'évolution des cours. Si l'on s'attend à la hausse d'un titre, il faut l'acheter avant que la hausse n'ait vraiment lieu. Inversement, si l'on spécule à la baisse d'un titre, on le vend avant que la baisse ne se produise. Ce type de comportement a une conséquence essentielle pour le fonctionnement de la Bourse et de la plupart des marchés de capitaux : les anticipations des agents peuvent être *auto-réalisatrices.* En effet, si tout le monde s'attend à la hausse d'un cours, tout le monde achète le titre concerné et son cours augmente effectivement. Notons que, dans un tel processus, *il suffit que les individus pensent que le cours va monter pour qu'il monte effectivement.* Dès lors, des phénomènes purement psychologiques et d'imitation des uns par les autres, peuvent entraîner des fluctuations bien au-delà de ce qui paraîtrait justifié au vu des *facteurs objectifs* susceptibles d'affecter le cours d'un titre (taux d'intérêt, profits, etc.). L'écart entre le cours observé et le niveau qui serait justifié par des facteurs objectifs constitue ce que les économistes appellent une *bulle spéculative*. La bulle spéculative peut continuer à gonfler uniquement parce que les agents se comportent en moutons de Panurge. Par exemple, tant qu'un individu pense que les autres vont continuer de spéculer à la hausse des cours, il spécule à la hausse ; en effet, s'il vend ses titres alors que ceux-ci continuent à monter, il est perdant. Si tout le monde raisonne ainsi, tout le monde continue à spéculer à la hausse même si la hausse a déjà atteint depuis longtemps le niveau qui était justifié par la cause initiale de la spéculation. Il arrive un moment où l'on achète des titres, non parce qu'il existe une raison objective de penser que la valeur de ces titres doit monter, mais parce que l'on pense que les autres vont continuer à acheter des titres dont les cours montent pour les revendre ensuite au cours maximum. Chemin faisant, il arrive forcément un moment où les titres ont tellement monté sans raisons objectives que chacun finit par penser que les autres vont se mettre à vendre pour *prendre leurs bénéfices* avant que le cours ne redescende. Il ne faut alors pas grand-chose pour que les anticipations se retournent brutalement et qu'un grand nombre d'investisseurs veuillent se débarrasser au plus vite des titres encore très demandés la veille ; la demande reculant soudainement, les cours diminuent, confirmant ainsi aux indécis que le mouvement de hausse est terminé et qu'il convient de vendre au plus vite ; les phénomènes d'imitation qui avaient gonflé la bulle peuvent alors jouer en sens inverse et la faire éclater brusquement. Il en va des bulles spéculatives comme des bulles de chewing-gum : plus la bulle est grosse, plus elle a de chances d'éclater. Quand le phénomène ne concerne pas quelques titres, mais une part importante du marché, cela peut provoquer un *krach boursier*.

B. Les marchés non financiers : l'ajustement par les quantités

Nous avons souligné que la plupart des marchés non financiers ne peuvent remplir les conditions de la concurrence parfaite. Dès lors, leur fonctionnement concret doit logiquement s'écarter de la théorie pure de l'offre et de la demande. Et, de fait, en l'absence d'un marché concrètement organisé comme l'est un marché financier, les échanges de biens ou de facteurs de production ne sont pas équilibrés au jour le jour par des fluctuations de prix. A court et moyen terme, les producteurs et les employeurs *préfèrent adapter la quantité* de biens et de travail plutôt que de modifier les prix et les salaires. L'interprétation de ce phénomène, et surtout de ses conséquences, est la principale source de divergence entre les *principales visions théoriques* du fonctionnement d'une économie de marché.

a) La préférence pour l'adaptation des quantités

Habituellement, les entreprises ne modifient pas leurs prix de vente chaque matin, ni même chaque mois, selon l'état de l'offre et de la demande sur leur marché. Confrontés à une augmentation sensible de leur carnet de commande, les producteurs commencent le plus souvent par puiser dans leurs stocks pour faire face à la demande ; si le mouvement perdure, ils augmentent leur production. En règle générale, les entreprises fixent leurs prix une ou deux fois par an et ne les ajustent pas dans l'intervalle, alors que le rythme des ventes peut varier souvent durant l'année. De même, les employeurs n'ont pas coutume de renégocier les salaires plus d'une fois par an. En revanche, ils ont souvent recours aux heures supplémentaires, aux travailleurs temporaires ou intérimaires, au chômage partiel. Lorsqu'ils subissent un recul de leur activité, la plupart des employeurs ajustent d'abord l'emploi (licenciements, départs à la retraite non remplacés, réduction des horaires, etc.) avant de renégocier les salaires.

Pourquoi le mécanisme d'ajustement automatique et quasi

instantané des prix constaté sur les marchés de capitaux ne peut-il pas fonctionner aussi bien sur la plupart des autres marchés ? Parce que, pour ajuster un prix à la suite d'un mouvement de l'offre ou de la demande, on doit *connaître le nouveau prix d'équilibre,* et il faut que *l'ajustement systématique du prix ne soit pas trop coûteux.* Or, les marchés non financiers se heurtent précisément à deux problèmes : celui de l'information et celui des coûts d'ajustement des prix.

• ***Le problème de l'information***

L'agent de change ou l'ordinateur qui doit fixer le nouveau prix d'équilibre à chaque fois que l'offre ou la demande d'un titre se modifie, n'a pas de difficulté à le faire parce qu'il centralise en permanence la totalité de l'information nécessaire pour trouver le prix d'équilibre. Sur les marchés de biens ou sur le marché du travail, en revanche, il n'existe aucun lieu, aucune institution, aucune procédure qui permette de rassembler les informations pertinentes. Si une entreprise voit son carnet de commandes augmenter, elle ne sait pas si ce mouvement est éphémère ou durable, s'il agit aussi en faveur de ses concurrents ou non ; à court terme, il est toujours plus sage d'attendre, afin de découvrir ce qui se passe réellement sur le marché. Ensuite, si l'entreprise décide de relever son prix de vente, elle ignore quelle doit être l'ampleur de cette hausse, qu'elle doit chercher à adapter à la réaction anticipée de la demande (à son élasticité) et des concurrents. En comparaison, un ajustement de la quantité produite pour un prix inchangé donne toujours un résultat certain pour l'entreprise : elle connaît ses recettes, ses coûts, et donc son profit.

Il en va de même sur le marché du travail. Admettons que toutes les raisons de maintenir un salaire stable présentées au chapitre 2 ne soient pas pertinentes pour un employeur. Dans ce cas, un recul des débouchés amène l'entreprise à réduire sa demande de travail. Selon la loi de l'offre et de la demande, cela implique un nouvel équilibre, avec un salaire et un volume de travail plus faibles. L'employeur devrait donc réduire les salaires jusqu'à leur nouveau point d'équilibre, laissant aux travailleurs le soin de réduire le volume de travail offert. Néanmoins, à court terme, l'employeur peut préférer adapter l'emploi sans toucher aux rémunérations. En effet, il ne dispose pas d'une Bourse du travail qui lui indique chaque matin le nouveau salaire d'équilibre d'un électricien, d'un soudeur, d'un contrôleur de gestion, etc. Il ignore l'ampleur de la baisse des salaires qui serait souhaitable pour atteindre le nouvel équilibre. En particulier, il mesure mal les effets précis de cette baisse des salaires sur le volume de travail – et donc de production – dont il pourra disposer. Il se doute bien qu'une baisse des salaires va réduire l'offre de travail de ses employés : certains travailleront moins longtemps, d'autres démissionneront, d'autres accepteront les baisses de salaire mais limiteront leur effort. Mais l'employeur ne connaît pas exactement l'ampleur de ces réactions ni la liste correspondante des salariés concernés. S'il décide d'une baisse des salaires insuffisante, il va se retrouver avec un niveau d'emploi trop important et devra procéder à de nouvelles réductions de salaires, et ainsi de suite. Inversement, si la baisse des salaires est trop forte, l'entreprise est confrontée à des démissions plus nombreuses que prévu, et, comme dit l'adage, ce sont souvent les meilleurs qui partent en premier ; le volume de travail est alors insuffisant et l'employeur doit relever les salaires pour attirer à nouveau des travailleurs, et ainsi de suite. On imagine mal les employeurs tâtonner ainsi jusqu'à trouver enfin le salaire d'équilibre, comme un agent de change tâtonne pour trouver le nouveau cours d'équilibre d'une action. A court terme, l'entreprise peut préférer réduire l'emploi en choisissant les salariés qui vont subir cet ajustement et en laissant inchangé le salaire des autres. Cela présente au moins l'avantage de la certitude quant au résultat : l'entreprise sait de quelle quantité et de quelle qualité de travail elle dispose, et à quel coût. Elle sait bien qu'elle paie désormais ses employés trop cher et que, en théorie, il existe un niveau des salaires, plus bas, qui équilibrerait l'offre et la demande et lui permettrait un profit plus élevé. Mais elle ne sait pas comment trouver rapidement ce nouveau prix d'équilibre du travail sans risquer une succession d'ajustements inadéquats des salaires désorganisant la composition de sa force de travail et sa production.

Nous arrivons là au second aspect du problème posé par l'ajustement des prix : il s'agit d'un processus coûteux.

• ***Les coûts d'ajustement des prix***

Cela ne coûte pas grand-chose à un agent de change de crier un, deux, ou trois prix de plus pour voir comment réagissent les offreurs et les demandeurs rassemblés sur un même marché. En revanche, les modifications de prix des biens ou du travail engendrent des coûts non négligeables.

Il y a tout d'abord les *opérations matérielles* entraînées par une variation des prix de vente : réédition des étiquettes, des bons de commande, des catalogues, des documents promotionnels, etc.

En matière de salaires, il existe assurément des *coûts de négociation*. Toute modification des salaires est l'occasion de négociations plus ou moins longues et coûteuses avec les salariés et les syndicats qui, en général, estimeront trop forte une baisse, et trop faible une hausse des rémunérations. La multiplication des négociations développe les occasions de conflit, de grève, qui freinent la production.

A cela viennent s'ajouter toutes les raisons que l'employeur peut avoir de préserver une bonne relation à long terme avec une partie de sa force de travail en évitant de lier l'évolution des salaires à celle de la conjoncture [cf. chapitre 2, **2. B.** *d)*].

Par ailleurs, les producteurs ont le plus souvent intérêt à établir avec leurs clients des relations stables. Une entreprise qui modifie constamment ses prix de vente met ses clients dans une situation d'incertitude permanente sur leurs coûts d'approvisionnement ; elle les incite donc à rechercher en permanence les meilleures conditions du marché. La stabilité des prix, au contraire, incite les clients à revenir chez le même fournisseur, ne serait-ce que parce qu'elle limite leur incertitude sur les coûts et évite les charges supplémentaires associées à la recherche de nouveaux fournisseurs. Un restaurant qui changerait le prix des plats tous les soirs, voire entre l'entrée et le dessert, pour adapter les prix à l'état de la demande à chaque instant, aurait sans doute du mal à fidéliser sa clientèle ! Dans ce contexte, les producteurs ont plutôt coutume de changer leurs prix à intervalles réguliers (une ou deux fois par an), à un moment où leurs clients s'attendent à un tel changement.

Enfin, *les décisions sur les prix sont parfois peu réversibles* à court terme, ce qui engendre des pertes en cas d'erreur. Imaginons une entreprise qui baisse ses prix pour s'adapter à un recul de la demande ; si la demande repart très rapidement, elle pourra difficilement, vis-à-vis de sa clientèle stable, relever aussitôt ses prix. Si un employeur accorde des hausses de salaires pour stimuler ses travailleurs durant une période de surchauffe de l'activité, il lui sera difficile de baisser ensuite les salaires si la surchauffe se révèle n'être qu'un feu de paille ; il est moins risqué d'embaucher des travailleurs temporaires ou de recourir aux heures supplémentaires.

Cela dit, les délais d'information et les coûts d'ajustement ne disqualifient pas complètement le modèle du marché concurrentiel en tant qu'outil d'analyse économique. En effet, sur les marchés de biens et le marché du travail, la loi de l'offre et de la demande *finit toujours* par jouer dans le sens prédit par la théorie pure. En règle générale, les entreprises modifient leur politique de prix ou de salaires pour s'adapter à des *transformations durables* de leur environnement, parce qu'alors les gains associés à ces modifications peuvent l'emporter sur les coûts d'ajustement. Mais, *à court terme,* quand on manque d'information sur l'ampleur et la durabilité des transformations en cours, l'ajustement des prix est souvent plus risqué et plus coûteux que celui des quantités.

Une part essentielle du débat entre les économistes porte précisément sur cette *différence entre le long terme et le court terme,* négligeable dans la *vision libérale* inspirée des économistes classiques du XIXe, fondamentale dans la vision interventionniste inspirée de la théorie *keynésienne.*

b) Les principales visions théoriques

Dans un premier temps, de façon assez simpliste mais néanmoins éclairante, on peut distinguer deux logiques fondamentales selon le degré de confiance qu'elles accordent à l'efficacité des mécanismes d'ajustement par les prix : les logiques *classique* (ou *libérale*) et *keynésienne* (ou *interventionniste*). Mais cette opposition, commode sur le plan pédagogique, ne recouvre pas un clivage aussi marqué chez les économistes. On pourrait davantage parler d'une *sensibilité classique* (ou *libérale*) et d'une *sensibilité keynésienne*. Entre ces deux visions, il existe en effet deux ponts qui autorisent une infinité de nuances intermédiaires : le rôle du temps et le rôle de l'information dans les mécanismes du marché.

• ***Les visions libérale et interventionniste***

La vision *libérale* part du postulat de parfaite flexibilité des prix. Si tous les prix sont parfaitement flexibles sur tous les marchés, il ne peut y avoir de déséquilibre durable dans l'économie. Toute divergence entre l'offre et la demande de biens est corrigée rapidement par une variation des prix ; tout écart entre l'offre et la demande de travail (et donc tout chômage) est éliminé par un ajustement des salaires ; tout déséquilibre entre les capacités et les besoins de financement est résorbé par des mouvements des taux d'intérêt. Seules des réglementations ou des interventions de politique économique venant gêner ou bloquer la libre négociation des prix et des salaires peuvent engendrer des déséquilibres durables dans l'économie nationale.

Historiquement, cette logique libérale recouvre une grande partie des économistes dits *« classiques »* des XVIIIe et XIXe siècles (en particulier A. Smith, J.-B. Say, D. Ricardo, J. S. Mill), les *néoclassiques* qui, de 1870 à nos jours, ont tenté de démontrer mathématiquement les vertus prêtées aux mécanismes du marché par les classiques (L. Walras, V. Pareto, A. Marshall, A. C. Pigou, M. Allais, K. J. Arrow, G. Debreu, etc.), les *monétaristes,* ainsi dénommés pour le rôle déterminant qu'ils accordent à la monnaie dans l'explication des fluctuations et des problèmes économiques (M. Friedman est leur chef de file), les *nouveaux classiques* qui, dans les années 1970, ont développé la théorie des anticipations rationnelles pour démontrer la validité de la théorie classique des marchés dans le très court terme comme dans le long terme (R. Barro, R. Lucas, T. Sargent).

La *vision keynésienne,* ou *interventionniste,* initiée par les travaux de John Maynard Keynes (1883-1946), part d'un postulat inverse à celui des classiques : à court terme les prix et les salaires sont fixes, et ils s'adaptent ensuite moins vite que les quantités. Mais cela ne résulte pas des interventions de l'État dans les processus économiques. Il en va ainsi parce que les agents *préfèrent* adapter les quantités (emploi, stocks, production, investissement) plutôt que les prix et salaires. De plus, comme nous l'expliquerons au chapitre suivant, même si les prix et les salaires étaient parfaitement flexibles à court terme, cela ne suffirait pas à rétablir l'équilibre sur la plupart des marchés non financiers. Dès lors, un déséquilibre sur le marché des biens ou sur le marché du travail peut se maintenir au-delà du très court terme. Récession et chômage sont alors des phénomènes durables qui justifient la mise en œuvre de politiques économiques pour suppléer aux carences des mécanismes automatiques du marché.

• ***Le rôle du temps et de l'information***

Dans l'analyse économique moderne, les différentes sensibilités doctrinales sont au moins convergentes quant à l'identification des vrais problèmes. Tout le monde reconnaît qu'à *très long terme,* la loi de l'offre et de la demande tend le plus souvent à exercer les ajustements décrits par le modèle du marché concurrentiel. Cela reste exact même en présence de régimes politiques hostiles aux mécanismes du marché : à long terme, les économies planifiées débouchent sur des inefficiences croissantes dans l'utilisation des ressources et sur une insatisfaction croissante des besoins des populations, qui les conduisent à leur perte. A cet égard, l'histoire du XXe siècle est bien celle de la progression, parfois lente, parfois stoppée, mais inéluctable, de la plupart des sociétés vers l'économie de marché.

A l'opposé, tout le monde reconnaît qu'à *très court terme,* la loi de l'offre et de la demande ne joue pas comme prévu par la théorie pure sur la plupart des marchés non financiers. A très court terme, presque tous les marchés non financiers sont en déséquilibre, parce que l'offre et la demande varient tous les jours et qu'il est impossible d'ajuster les prix d'équilibre tous les jours.

Le vrai débat entre économistes ne porte finalement pas sur les mécanismes d'ajustement en œuvre dans l'économie, mais sur la durée des ajustements. La question est de savoir si les mécanismes de retour automatique d'un marché vers l'équilibre sont suffisamment rapides pour qu'il soit préférable d'attendre que « cela se passe ». La durée des processus d'ajustement dépend elle-même de la qualité de l'information disponible sur les marchés. Tous les marchés où l'information peut être centralisée et traitée rapidement fonctionnent presque comme des marchés théoriques de concurrence parfaite. Et pour un niveau d'information donné, la rapidité des ajustements dépend des anticipations des agents, c'est-à-dire de la façon dont ils traitent les informations disponibles. Plus les anticipations s'appuient sur l'expérience passée, plus lente sera l'adaptation à des phénomènes nouveaux.

Information, anticipations, délais d'ajustement, voilà donc les objets fondamentaux du débat entre les visions classique et keynésienne.

4

Les problèmes de l'économie nationale

Dans ce chapitre, nous étudions les principaux problèmes macroéconomiques auxquels un pays peut se trouver confronté : une récession de l'activité, l'inflation, le chômage et un déséquilibre de la balance des paiements. On ne saurait bien entendu prétendre à une étude complète de ces questions dans l'espace imparti pour cette *Introduction à l'économie*. Nous ne proposons ici qu'une présentation élémentaire des principaux facteurs explicatifs des différents problèmes ; les débats de politique économique qu'ils suscitent sont en revanche développés dans notre *Introduction à la politique économique*.

1. CRISES ET RÉCESSIONS

Au sens strict, la « crise » économique est *le moment* où les principaux indicateurs macroéconomiques d'une économie se retournent dans un sens défavorable, après une phase d'expansion : baisse de la production, de l'emploi et des revenus, et augmentation du chômage. La récession est *la période de ralentissement* de l'activité économique plus ou moins longue qui suit la crise. Une crise peut survenir à la suite d'un recul inattendu de la demande de biens et services ou après un choc affectant l'offre globale.

A. Une crise de la demande

Nous utiliserons la représentation graphique de la loi de l'offre et de la demande pour illustrer les effets d'un recul de la demande globale. Les figures présentées au chapitre précédent montraient l'offre et la demande *d'un bien particulier* sur un marché particulier. Sur la figure 3, nous adoptons la même présentation, mais nous mettons à présent en relation l'offre et la demande *globales* d'une part, et le niveau général des prix d'autre part.

L'offre et la demande globales indiquent la quantité totale qui est offerte ou demandée pour l'ensemble des biens et services produits à l'intérieur du pays. Sur l'axe horizontal, nous avons donc le produit intérieur, ou PIB (offert ou demandé). Sur l'axe vertical, nous portons le niveau général des prix, P.

Figure 3

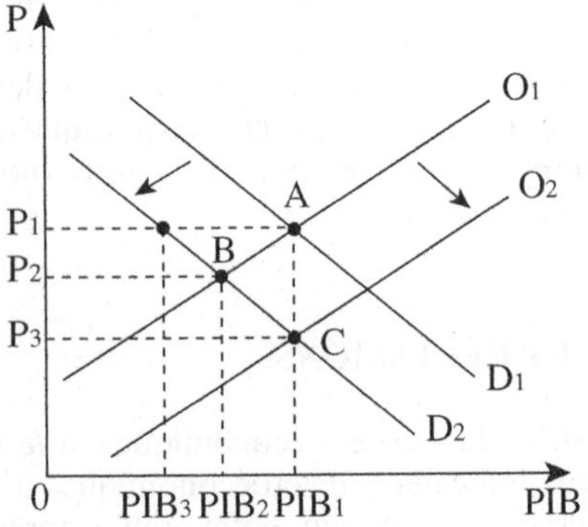

La demande globale est supposée décroissante en fonction des prix. En ce qui concerne l'offre globale, nous avons vu qu'il existait un débat sur la forme de cette relation [cf. chapitre 2, **3. C.** ***b)***] ; nous représentons ici le cas normal où l'offre est une fonction croissante du niveau général des prix.

Sur la figure 3, nous partons du point A où l'équilibre entre l'offre et la demande globales détermine un niveau général des prix P_1. Pour une raison quelconque (recul brutal de la demande étrangère, gonflement imprévu de l'épargne, pessimisme des producteurs qui freinent leurs investissements, crise boursière qui appauvrit les agents, etc.), la demande globale recule de D_1 en D_2. Ainsi, quels que soient les prix, la quantité de produits demandée est plus faible. On constate que pour une offre inchangée, on atteint un nouvel équilibre au point B, où la production et les prix ont baissé. En effet, les difficultés rencontrées par les entreprises pour écouler leur production les conduisent à baisser leurs prix. Pour un niveau inchangé des salaires nominaux, la baisse des prix augmente le coût réel de production : on paie aux travailleurs un salaire inchangé alors que leur production se vend moins cher ; le coût par franc de production vendu est donc plus élevé. La hausse des coûts de production rend la production moins profitable et incite les entreprises à réduire le volume de biens offerts. Le recul de la production entraîne celui de l'emploi, et le chômage se développe. Comment l'économie va-t-elle s'adapter à cette récession de l'activité et de l'emploi ? Selon un processus de retour automatique vers l'équilibre, conformément à la vision libérale, ou grâce à une politique de relance de la demande ?

a) La vision libérale de la crise

La récession provoquée par le recul de la demande ne peut qu'être temporaire. En effet, sur le marché du travail, l'apparition du chômage entraîne une baisse des salaires : la concurrence entre les travailleurs pour obtenir des emplois abaisse le prix d'équilibre du travail, selon la loi de l'offre et de la demande. La baisse des salaires nominaux va rapidement compenser la baisse initiale des prix de vente ; les coûts réels de production, qui avaient initialement grimpé, reviennent vers leur niveau de départ, et les entreprises sont incitées à augmenter l'offre de biens et l'emploi. Sur la figure 3, le point B n'est donc qu'une situation temporaire. Au fur et à mesure que les salaires baissent, l'offre est stimulée et se déplace vers la droite (vers O_2). L'augmentation de l'offre entraîne de nouvelles baisses de prix qui stimulent la demande et permettent d'écouler une quantité croissante de biens. Le processus se poursuit jusqu'au nouveau point d'équilibre, C. Au terme de ce processus, les prix ont suffisamment baissé pour que les demandeurs acceptent d'acheter un volume de production aussi élevé qu'avant la récession ; les salaires ont baissé dans les mêmes proportions que les prix, si bien que le coût réel du travail est revenu à son point de départ ; la demande de travail et l'offre de biens sont donc également revenues à leur niveau initial et le chômage a disparu ; les travailleurs ont accepté la baisse des salaires nominaux parce qu'ils anticipent correctement la déflation (la baisse des prix) en cours et savent que leur pouvoir d'achat reste inchangé ; l'apparition du chômage, au début de la récession, indique aux travailleurs que toute résistance à la baisse des salaires réduira leur niveau de vie en supprimant durablement des emplois.

Au sein de cette vision libérale, il existe bien entendu des nuances portant sur le degré de rapidité du mécanisme de retour automatique vers l'équilibre. Ainsi, les *monétaristes* ont reconnu qu'à *court terme,* ce mécanisme pouvait être bloqué parce que les travailleurs n'anticipent pas immédiatement et infailliblement les mouvements du niveau général des prix. Dans ce cas, la baisse des salaires est d'abord perçue comme une baisse durable du pouvoir d'achat. Les individus résistent donc aux baisses de salaires et contraignent les entreprises à ajuster l'emploi et la production. Mais progressivement, les travailleurs réalisent la baisse des prix en cours et corrigent leurs anticipations. Ils sont alors conduits à accepter des baisses de salaires d'autant plus fortes que le chômage augmente. A court terme, donc, l'économie peut rester au point B. Mais peu à peu, elle retourne *spontanément* vers l'équilibre, au point C. A long terme, la production et l'emploi ne sont pas affectés par la récession (la courbe d'offre est en fait verticale au niveau de PIB_1) ; seul le niveau des prix et des salaires varie dans les mêmes proportions.

A l'opposé de cette vision gradualiste de l'ajustement, on

trouve la *théorie des anticipations rationnelles* (les « nouveaux classiques »). Selon cette approche, les individus rationnels intègrent dans leurs décisions toutes les informations disponibles à un moment donné, et notamment la connaissance qu'ils ont du fonctionnement de l'économie. Par expérience, les individus prévoient correctement les effets de la récession décrite plus haut. Dès que le mouvement s'amorce, les travailleurs savent donc que s'ils s'opposent aux baisses de salaires, il en résultera un chômage et un recul du niveau de vie importants. En revanche, ils savent très bien que la récession va entraîner des baisses de prix qui compenseront celles des salaires et maintiendront leur pouvoir d'achat inchangé. En conséquence, dès l'amorce de la récession, les travailleurs et les employeurs renégocient immédiatement des baisses de salaires proportionnelles aux baisses de prix. Les entreprises peuvent alors aussitôt baisser leurs prix autant qu'il est nécessaire pour continuer à écouler une quantité de produits inchangée. Sur la figure 3, on ne passe même pas par le point B, à court terme. On va directement du point A au point C ; on évite ainsi la récession et le chômage, dès le début de la crise.

b) La vision keynésienne de la crise

Dans l'optique keynésienne, la vision libérale est irréaliste. A très court terme, sur la plupart des marchés non financiers, les prix sont fixes et les entreprises ajustent d'abord leur production. Sur la figure 3, le recul de la demande peut donc éventuellement entraîner une baisse encore plus marquée des ventes : si les prix restent fixés en P_1, la quantité demandée baisse en PIB_3 et non en PIB_2. A ce niveau de prix, les entreprises accumulent des stocks de produits invendus ; au bout d'un certain temps, elles peuvent être incitées à baisser leurs prix jusqu'au nouvel équilibre entre l'offre et la demande (au point B). Mais au point B, le marché des biens et services est en équilibre ; il n'existe donc plus aucune pression spontanée tendant à développer la production. On a vu que pour les libéraux, ce problème est surmonté parce que, sur le marché du travail, le chômage entraîne une chute des salaires nominaux qui permet de relancer la production. Mais pour toutes les raisons présentées au chapitre précédent, les salaires sont rigides à la baisse, du moins à court et moyen terme. Les entreprises préfèrent alors ajuster l'emploi en choisissant les travailleurs qu'elles vont mettre au chômage. Les chômeurs voient leur revenu diminuer et doivent limiter leur consommation ; le recul de la consommation aggrave le recul initial de la demande et peut contraindre les entreprises à de nouvelles réductions de l'emploi et de la production. Si on *laisse faire,* les mécanismes spontanés du marché risquent d'entraîner l'économie dans un processus de récession de plus en plus grave. Dans ce contexte, négocier des baisses de salaires risquerait de freiner encore plus la demande et d'accentuer la crise au lieu de l'atténuer. Cela ne signifie pas que les travailleurs sont irrationnels et ne tiennent pas compte des baisses de prix et du chômage pour déterminer leurs exigences en matière de salaires. Sur ce point, la théorie des anticipations rationnelles néglige un problème essentiel : l'imperfection de l'information. Un individu rationnel utilise toutes les informations *disponibles sans coûts* mais pas toutes les informations disponibles à *n'importe quel coût.* Quand un travailleur se voit proposer une baisse de son salaire, il ne sait pas comment évoluent en ce moment même les prix de tous les biens qu'il a l'habitude de consommer. Le seul moyen d'apprécier cette proposition consiste, le plus souvent, à comparer le salaire offert par l'employeur à ce que l'individu *croit savoir* sur les salaires actuellement offerts dans les autres entreprises. Même si les salaires et les prix sont effectivement en train de baisser dans toute l'économie, l'individu met forcément du temps à s'en apercevoir et ne peut pas fournir en permanence un effort d'information long et coûteux sur les conditions qui prévalent dans le reste de l'économie. Dans un contexte d'information très imparfaite, il est le plus souvent rationnel de *s'adapter lentement mais sûrement.* A cela vient s'ajouter que, par expérience, les individus savent bien qu'en dépit de la crise, certains travailleurs parviennent à maintenir – voire à améliorer – leurs rémunérations. Cela conforte un individu rationnel dans la résistance à la baisse des salaires.

Ainsi, même si les anticipations sont parfaitement rationnelles, les mécanismes libéraux de retour automatique vers l'équilibre peuvent rester plus ou moins durablement bloqués. On risque alors d'attendre un approfondissement grave de la récession et l'apparition d'un chômage massif pour qu'employeurs et employés partagent enfin le même point de vue et puissent renégocier les salaires comme prévu dans la vision libérale. Il existe un moyen plus sûr et moins coûteux de ramener l'économie vers l'équilibre initial et le plein emploi : la politique économique. Une politique de relance de la consommation ou de l'investissement peut en effet déplacer la demande globale vers la droite. Sur la figure 3, cela revient à faire parcourir à la demande globale le même chemin à l'envers, pour ramener l'économie au point A. Il n'y a là rien que de très logique : si le problème vient d'un recul de la demande, la solution doit être cherchée dans une augmentation de la demande.

B. Une crise de l'offre

Une récession peut également se produire à la suite d'un recul de l'offre globale. Toute élévation sensible des coûts de production affectant une fraction importante des producteurs se traduit par un recul de l'offre globale. Cela peut se produire, par exemple, à la suite d'une hausse du cours des matières premières, du prix du pétrole, des salaires, des impôts pesant sur la production, etc. En effet, une hausse du coût de production rend la production moins profitable pour un prix donné. En conséquence, à chaque niveau des prix, les entreprises sont disposées à offrir une quantité de biens et services inférieure à celle qu'elles offraient avant la hausse des coûts : à chaque niveau général des prix se trouve désormais associée une offre globale plus faible ; sur la figure 4, la courbe d'offre globale recule vers la gauche (de O_1 vers O_2).

Figure 4

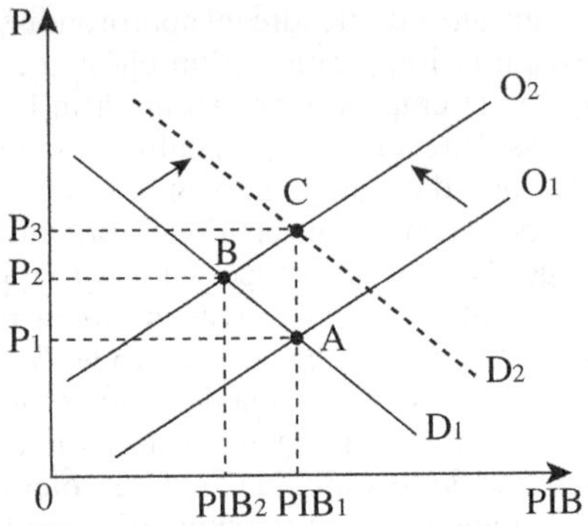

Les biens offerts se raréfiant face à une demande globale inchangée, il s'ensuit une hausse des prix (de P_1 en P_2). On atteint un nouvel équilibre (au point B) qui se caractérise à la fois par une récession de l'activité (le PIB régresse en PIB_2) et par l'inflation. Cette conjonction d'une stagnation (ou d'une récession) de la production et de l'inflation, que l'on dénomme *stagflation*, a pu être constatée, par exemple, à la suite des chocs pétroliers qui se sont traduits dans les années 1970 par des hausses brutales et considérables du prix du pétrole (surtout en 1974 et en 1979).

a) La vision libérale de la crise

Nous supposerons ci-dessous que l'économie doit s'adapter à un choc pétrolier. La baisse de la production qui suit le choc pétrolier réduit l'emploi du facteur travail. Sur le marché du travail, le chômage se développe. Mais ce chômage entraîne une baisse des salaires. Ainsi, la hausse initiale du coût de production provoquée par le choc pétrolier se trouve peu à peu compensée par la baisse du coût du travail. En conséquence, la récession est temporaire. En effet, au fur et à mesure que les salaires – et donc les coûts de production – baissent, les entreprises sont incitées à développer à nouveau leur offre. Après avoir reculé en O_2, l'offre globale repart vers la droite, vers O_1. Cette relance de l'offre amène une baisse progressive du niveau général des prix qui retourne vers P_1. Le processus doit se poursuivre jusqu'à ce que l'offre globale et le niveau général des prix soient revenus à leur niveau initial (au point A), gommant ainsi la récession et l'inflation. En effet, tant que la production reste inférieure au niveau initial qui assurait le plein emploi du travail, il subsiste du chômage ; ce dernier continue donc à exercer une pression à la baisse des salaires qui abaisse les coûts et stimule l'offre. L'économie devrait donc spontanément revenir à son point de départ.

b) La vision keynésienne de la crise

Le processus libéral d'ajustement par la baisse des salaires est très improbable, et même s'il se produit, il ne règle pas définitivement le problème. Nous avons déjà exposé ci-dessus toutes les raisons pour lesquelles il est peu probable que le chômage entraîne rapidement une baisse des salaires suffisante pour rétablir l'équilibre. Mais même si la baisse des salaires se produit et si l'économie revient bien à son point de départ, le problème posé par le choc pétrolier demeure entier. En effet, au point A, le niveau général des prix est revenu à son niveau initial, mais les salaires monétaires versés aux travailleurs ont été abaissés jusqu'à compenser complètement le surcoût engendré par le choc pétrolier ; le pouvoir d'achat des salariés a donc baissé. Il n'y a aucune raison pour que ces derniers acceptent d'être les seuls à payer la facture du choc pétrolier. Des travailleurs rationnels doivent tenter de partager ce coût avec les employeurs en résistant à la baisse des salaires pour contraindre les entreprises à accepter aussi une baisse de leurs profits. Même si, dans un premier temps, les entreprises sont parvenues à abaisser les salaires, elles se heurteront inévitablement à des mouvements de revendication salariale posant exactement le même type de problèmes que le choc pétrolier : hausse des coûts, recul de l'offre, récession et inflation.

Il existe une stratégie keynésienne alternative qui consisterait à compenser le recul de l'offre globale par une relance de la demande globale. Quand l'économie passe du point A au point B, une politique de stimulation des dépenses de consommation et/ou d'investissement peut déplacer la demande globale vers la droite. Sur la figure 4, on tente de déplacer D_1 vers D_2 (en pointillés) et d'atteindre le point C. On voit que cette politique permet le maintien de la production et de l'emploi, mais, en contrepartie, elle aggrave l'inflation. Le maintien d'une demande forte permet aux entreprises de reporter le coût du choc pétrolier sur les prix de vente.

Notons toutefois que cette stratégie keynésienne ne règle pas davantage le problème fondamental. Certes, la récession et le chômage sont atténués et les salaires nominaux sont maintenus. En revanche, le niveau des prix a fortement augmenté : le pouvoir d'achat s'est donc détérioré. Quand les travailleurs mesurent correctement ce recul de leur pouvoir d'achat, ils réalisent qu'ils ont en fait payé la facture du choc pétrolier. Et, tout comme au terme du processus d'ajustement libéral, les salariés vont revendiquer des hausses de salaires et exiger que les employeurs paient leur part de la facture. D'une manière ou d'une autre, le surcoût de production associé au choc pétrolier doit être payé par la nation. Dans la stratégie libérale, il est payé par les salariés par l'intermédiaire d'une baisse des salaires nominaux ; dans la stratégie keynésienne, il est également payé par les travailleurs, mais par le biais d'une inflation qui érode leur pouvoir d'achat. Dans les deux cas, le nouvel équilibre est instable parce que les travailleurs n'acceptent pas de supporter seuls le coût du choc pétrolier. Seule une entente claire et stable entre les employeurs et les employés sur le partage des coûts peut conduire vers un nouvel équilibre durable. Ainsi, les pays où règne un climat de dialogue et de confiance entre les partenaires sociaux peuvent s'adapter à un choc sur les coûts plus rapidement que les pays où les relations du travail sont très conflictuelles.

2. L'INFLATION

L'inflation est une *hausse du niveau général des prix*. Elle ne doit pas être confondue avec la hausse du prix d'un bien ou de quelques biens particuliers. Elle mesure une hausse du *prix moyen* de *tous* les biens et services. Le *taux d'inflation* publié dans les statistiques officielles est le *pourcentage de variation annuelle* du niveau général des prix, habituellement estimé par l'évolution d'un indice des prix à la consommation. Le contraire de l'inflation est la *déflation,* qui indique *une baisse du niveau général des prix*. La déflation doit être distinguée de la *désinflation,* qui désigne une baisse du taux d'inflation et non une baisse du niveau des prix.

A. Les mécanismes de l'inflation

Comme nous l'avons déjà constaté dans la section précédente, le niveau général des prix résulte d'un équilibre entre l'offre et la demande globales. D'une manière ou d'une autre, toute hausse du niveau général des prix constitue donc un mécanisme d'ajustement de l'économie à un déséquilibre entre l'offre et la demande globales. Par ailleurs, nous montrerons que quelle que soit l'origine du déséquilibre, l'inflation est toujours associée à une création de monnaie plus rapide que la création de biens et services nouveaux ; il s'agit donc, par nature, d'un phénomène monétaire. On oppose parfois ces deux visions de l'inflation (déséquilibre entre l'offre et la demande ou phénomène monétaire) mais nous verrons qu'elles ne constituent que les deux facettes d'un même processus.

a) Un déséquilibre entre l'offre et la demande

Un déséquilibre entre l'offre et la demande globales peut trouver son origine du côté de la demande (on parle alors d'*inflation par la demande*) ou du côté de l'offre (on parle alors d'*inflation par les coûts*).

• ***L'inflation par la demande***

Imaginons une situation d'équilibre de l'économie nationale où l'offre est égale à la demande globale et où les prix sont stables. Intervient alors un phénomène qui entraîne une augmentation sensible de la demande globale (ce peut être une expansion de la demande étrangère, une politique de soutien de la consommation ou de l'investissement, etc.). Au niveau général des prix initial, qui équilibrait l'offre et la demande, on constate désormais un excès de demande : le volume des biens et services demandés dépasse le volume des biens et services offerts. Concrètement, les entreprises voient leur carnet de commandes gonfler rapidement et ne peuvent satisfaire toutes ces commandes dans les mêmes délais que par le passé. La pression exercée par cette demande excédentaire va entraîner les prix vers le haut. L'ampleur de l'inflation provoquée par la demande excédentaire dépend du degré et de la rapidité de réaction de l'offre – ou encore de *l'élasticité de l'offre*. Si les entreprises disposent d'importantes capacités de production inutilisées et peuvent augmenter leur main-d'œuvre en réembauchant des chômeurs sans augmenter les salaires, nous avons vu au chapitre 3 que l'offre est alors très élastique : les producteurs peuvent et acceptent de développer rapidement la production sans relever leurs prix ou en pratiquant une hausse modérée des prix. L'inflation par la demande est donc faible si l'offre est très élastique. En revanche, si l'économie est proche du plein emploi des facteurs de production, nous avons vu que l'offre est relativement rigide. Les entreprises ont des difficultés à développer l'offre de biens et ne peuvent le faire qu'en supportant une augmentation importante des coûts de production. Dans ce cas, la pression de la demande globale se traduira par une forte augmentation des prix et une faible augmentation de la production.

• ***L'inflation par les coûts***

Le déséquilibre entre l'offre et la demande peut provenir d'un choc du côté de l'offre. Nous avons montré ci-dessus les effets d'une augmentation des coûts de production sur l'offre globale (voir figure 4) : l'offre se déplace vers la gauche, entraînant une récession de la production et une hausse du niveau général des prix. La hausse des coûts peut avoir différentes origines : hausse généralisée des salaires (en mai 1968 en France, par exemple), choc pétrolier (1974, 1979), augmentation des taxes grevant les produits, dépréciation de la monnaie nationale qui renchérit le coût des importations (fortes hausses du dollar dans les années 1980), etc. Imaginons par exemple une hausse généralisée du prix des matières premières : cela réduit la profitabilité de la production. Si les entreprises veulent maintenir leur marge bénéficiaire par rapport aux coûts, elles doivent augmenter les prix de vente dans les mêmes proportions que le coût des matières premières, ou bien trouver le moyen de réduire d'autres coûts de production (en abaissant les salaires, par exemple).

Le problème majeur de l'inflation par les coûts tient à son caractère auto-entretenu et cumulatif. En effet, si les producteurs répercutent les hausses de coûts sur les prix, la hausse du niveau général des prix dégrade le pouvoir d'achat des salariés. Si ces derniers anticipent les effets de l'inflation en cours sur leur pouvoir d'achat – et, en tout cas, une fois qu'ils auront constaté ces effets –, ils revendiquent des hausses de salaires pour compenser l'inflation. Les hausses de salaires ainsi obtenues viennent augmenter les coûts des producteurs, qui tentent alors de rétablir leurs marges en relevant leurs prix ; le pouvoir d'achat des salariés se dégrade à nouveau, provoquant de nouvelles revendications, et ainsi de suite. L'économie peut ainsi être piégée dans une course-poursuite des prix et des salaires qui accélère indéfiniment l'inflation. Notons que même si son origine est autre (une demande excessive, par exemple), tout processus d'inflation est susceptible de déclencher une inflation par les coûts dans la mesure où, à un moment ou à un autre, les travailleurs cherchent à rattraper toute perte de pouvoir d'achat. Les phénomènes d'*anticipation* peuvent ainsi contribuer à accentuer l'inflation par les coûts même après la disparition de ses causes initiales. Dans une économie où les agents sont habitués à l'inflation, le seul fait de s'attendre à l'inflation conduit à revendiquer des hausses de salaires qui seront effectivement inflationnistes. De même, les producteurs qui s'attendent à devoir concéder des hausses de salaires peuvent relever leurs prix par anticipation pour préserver leurs marges.

b) Un phénomène monétaire

Quelle que soit sa cause initiale, l'inflation est par nature un phénomène monétaire. En effet, si le prix moyen des biens en francs augmente, cela implique que l'on dépense plus d'unités monétaires (plus de francs) qu'auparavant pour chaque unité de bien échangée dans l'économie ; cela suppose soit une augmentation de la quantité de monnaie en circulation, soit une élévation de la *vitesse de circulation de la monnaie* : chaque franc en circulation change de mains un plus grand nombre de fois et permet d'effectuer un nombre de transactions plus élevé qu'auparavant.

L'analyse économique libérale considère habituellement que la vitesse de circulation de la monnaie est stable : la quantité de monnaie qui est nécessaire pour assurer un volume donné d'échanges dépend essentiellement des habitudes de paiement, du mode d'organisation et du degré de développement du système bancaire, or ces facteurs sont très stables. Si la vitesse de circulation de la monnaie est stable, l'inflation ne peut se développer sans une expansion de la masse monétaire. Les libéraux, et en particulier les monétaristes, estiment donc que l'inflation résulte toujours d'une expansion trop rapide de la quantité de monnaie. Il incombe au gouvernement et / ou à la banque centrale de veiller à ce que la masse monétaire ne se développe pas plus vite que la quantité de biens et services offerts dans l'économie.

Notons que cette vision monétariste de l'inflation ne diffère pas fondamentalement d'une théorie de l'inflation par la demande. En effet, si le gouvernement et / ou la banque centrale, qui contrôlent la création de monnaie, décident d'accroître la masse monétaire en circulation (en facilitant le crédit, par exemple), les agents vont se retrouver avec des moyens de paiement excédentaires par rapport au volume d'échanges qu'ils effectuaient auparavant. Ils n'ont aucune raison d'accumuler de nouvelles encaisses monétaires sans les dépenser. Ils vont donc chercher à utiliser ces moyens de paiement en effectuant des dépenses supplémentaires, ce qui implique une augmentation de la demande globale. Comme nous l'avons vu, pour une offre donnée de biens et services, cette pression de la demande entraîne les prix à la hausse. L'ampleur de l'inflation dépend alors de l'élasticité de l'offre. Les monétaristes considèrent que l'économie est toujours au plein emploi (cf. ci-dessous) et qu'en conséquence les entreprises ne peuvent pas développer la production : l'offre est rigide. Dans ce cas, le seul effet d'une politique monétaire expansionniste (développement de la masse monétaire) sera une élévation des prix proportionnelle à celle de la quantité de monnaie. Les keynésiens estiment au contraire que l'économie peut se trouver en situation de sous-emploi, avec des équipements et des travailleurs inutilisés et disponibles rapidement pour produire davantage. Dans ce cas, l'offre globale est croissante, et une expansion de la masse monétaire se traduira par une élévation des prix *et* de la production, le partage entre les deux effets dépendant de l'élasticité de l'offre : plus l'offre est élastique, plus l'effet sur la production l'emporte ; plus l'offre est rigide et plus l'inflation est forte.

L'erreur de l'approche monétariste consiste à faire du laxisme monétaire du gouvernement la seule cause de l'inflation ; or, il s'agit seulement de l'un des facteurs coexistant avec les autres chocs sur les coûts et la demande globale et les facteurs structurels que nous évoquerons ci-dessous. Mais l'approche monétariste conserve un mérite essentiel : elle attire l'attention sur le fait qu'en règle générale, l'inflation ne peut pas se développer sans une certaine expansion de la quantité de monnaie ; il faut bien que les agents trouvent quelque part les moyens de paiement nécessaires à l'achat de biens et services dont le prix moyen augmente. Dès lors, quelles que soient les causes fondamentales de l'inflation, la création monétaire en constitue une *condition permissive* que le gouvernement peut contrôler par la politique monétaire. En somme, la *politique* monétariste est plus performante que l'*explication* monétariste.

B. Les sources structurelles de l'inflation

Contrairement à une opinion fréquente, les analyses présentées ci-dessus ne constituent pas vraiment des théories de l'inflation. Elles ne décrivent que des mécanismes par lesquels l'inflation se développe. Ainsi, la « théorie » de l'inflation par la demande n'explique pas pourquoi la demande peut rester excédentaire et alimenter une pression continue sur les prix sur de longues périodes. Jusqu'au début du XXe siècle, les périodes de forte demande et de forte inflation étaient suivies par des périodes de faible demande et de baisse des prix. Pourquoi les économies industrielles sont-elles entrées, à la suite de la Seconde Guerre mondiale, dans une ère d'inflation quasi permanente ? De même, la « théorie » de l'inflation par les coûts ne dit pas pourquoi les entreprises répercutent les hausses de coûts sur les prix alors que d'autres modes d'ajustement existent – et ont d'ailleurs prévalu dans le passé. Une véritable explication de l'inflation doit aussi répondre à ces questions. Les réponses sont à chercher principalement dans les caractéristiques structurelles de l'économie, tant du côté de la demande que du côté de l'offre.

a) Les causes structurelles de l'inflation par la demande

Dans une économie en croissance continue, le développement de l'investissement et des services non marchands alimente en permanence une demande excédentaire qui constitue une source structurelle d'inflation.

Tout investissement productif a pour effet de distribuer immédiatement des revenus supplémentaires alors que les biens nouveaux produits grâce à cet investissement devront être attendus plus ou moins longtemps. Par exemple, la construction d'un nouvel établissement industriel peut demander plusieurs années. Durant ces années, l'entreprise paie les travailleurs et les fournisseurs qui assurent la réalisation de cet investissement. Elle distribue donc dans l'économie des revenus nouveaux qui augmentent la demande de biens et services. Cependant, dans le même temps, l'entreprise n'offre pas davantage de biens sur les marchés. L'offre supplémentaire ne se développera qu'une fois l'installation du nouvel établissement terminée. Mais au moment où l'offre de cette entreprise augmente enfin, d'autres investissements ont lieu, dans cette entreprise ou ailleurs, qui continuent à distribuer des revenus supplémentaires sans développer aussitôt la production. En période de croissance continue, l'investissement ne s'arrête jamais totalement : il introduit en permanence un décalage entre la distribution de revenus et l'offre de biens.

Une demande excédentaire structurelle provient aussi du développement des services non marchands, et en particulier des services publics. Le développement de systèmes publics d'éducation et de santé, de la sécurité sociale et, de façon générale, des services produits par les administrations publiques, amène une distribution importante de revenus dans l'économie : salaires des fonctionnaires qui produisent ces services et autres dépenses de fonctionnement des établissements publics. Ces revenus contribuent à gonfler la demande globale pour les biens et services marchands. Or, dans le même temps, la croissance des services non marchands ne développe pas, par définition, l'offre de biens et services marchands; elle alimente donc une demande excédentaire qui exerce une pression à la hausse des prix ; et, contrairement à ce qui se passe pour l'investissement, cette demande excédentaire est définitive et non pas seulement temporaire.

b) Les causes structurelles de l'inflation par les coûts

Nous soulignerons deux sources essentielles de l'inflation par les coûts : les mutations de la concurrence et le conflit entre les partenaires sociaux pour le partage du revenu national.

• *Les mutations de la concurrence*

Sur un marché parfaitement concurrentiel, la concurrence s'exerce d'abord par les prix. Confrontée à une hausse des coûts, une entreprise en situation de concurrence parfaite, au sens traditionnel du terme, ne peut pas relever ses prix de vente car elle risque de perdre l'essentiel ou la totalité de ses parts de marché au profit des concurrents qui maintiendront leurs prix à un niveau inchangé. Chaque producteur aurait intérêt à ce que l'ensemble des concurrents se concertent pour décider en même temps de relever les prix. Mais, outre le fait que les ententes entre producteurs sont habituellement interdites par la loi, le nombre trop important des producteurs rend les accords entre entreprises trop difficiles ou trop coûteux, et impossibles à surveiller.

Cependant, dans la plupart des économies industrielles, les marchés concurrentiels du début du XXe siècle ont progressivement laissé place à des marchés de concurrence imparfaite où la concurrence ne se fait plus nécessairement sur le prix des biens. La concentration croissante des entreprises aboutit souvent à des situations d'*oligopole* où un nombre restreint de grandes entreprises domine un secteur et fait la loi en matière de fixation des prix. Les guerres de prix étant désastreuses pour les profits, ces entreprises ont intérêt à limiter la concurrence par les prix. Face à un choc pétrolier, par exemple, une *entente tacite* entre grands producteurs les conduira à reporter en même temps le coût supplémentaire sur les prix de vente, ce qui ne modifie en rien les conditions de concurrence initiale. Cela est possible lorsque le nombre d'entreprises est restreint, parce qu'il est alors aisé de surveiller les prix pratiqués par les concurrents.

Par ailleurs, dans la plupart des secteurs, y compris ceux où subsiste un nombre relativement important de concurrents, la concurrence s'exerce autant, si ce n'est davantage, par la *différenciation du produit* que par le prix [cf. chapitre 3, **1. B.** ***b)***)]. La compétition s'effectue sur toutes les caractéristiques du produit (solidité, fiabilité, *design,* couleur, nom, marque, service après-vente, délais de livraison, etc.). Le développement de ce type de concurrence a été favorisé par celui des moyens de communication et de la publicité, ainsi que par l'élévation du niveau de vie, qui rend les acheteurs de plus en plus sensibles aux caractéristiques qualitatives des produits.

• ***La lutte pour le partage de la valeur ajoutée***

Dans la section précédente, nous avons déjà souligné le problème fondamental posé par une hausse généralisée des coûts de production : le partage de la charge supplémentaire entre employeurs et employés. Si les partenaires sociaux sont d'accord sur un partage de la valeur ajoutée, les entreprises peuvent réagir à un choc sur les coûts sans augmenter les prix. Une partie du coût supplémentaire est compensée par une baisse des salaires ; l'autre partie du coût d'ajustement est supportée par les entreprises qui, en acceptant de produire la même quantité à un coût supérieur mais sans augmentation des prix de vente, réduisent leurs marges. La réduction des salaires et des marges est proportionnelle à la part convenue de chaque partenaire dans la valeur ajoutée, si bien que le partage initial du revenu reste inchangé et que personne n'est incité à contester le mécanisme d'ajustement. Si les travailleurs pensent que la baisse des salaires réduit trop leur part dans la valeur ajoutée, ils exigeront des hausses de salaires. Les entreprises leur accorderont éventuellement ces hausses pour limiter les conflits sociaux, mais si elles considèrent à leur tour que cela réduit trop leur propre part dans la valeur ajoutée, elles compenseront la hausse des salaires par des hausses de prix ; l'inflation va alors dégrader le pouvoir d'achat des salaires et, quand les travailleurs vont s'en rendre compte, ils revendiqueront de nouvelles hausses de salaires, et ainsi de suite. Seule une entente durable entre les partenaires sociaux sur la part de chacun dans les revenus tirés de la production permet un ajustement non inflationniste aux chocs sur les coûts de production. Si les relations entre ces partenaires sont fondamentalement conflictuelles et marquées par la défiance réciproque, l'inflation est, en revanche le moyen d'ajustement le plus facile. Il évite l'affrontement direct en éludant le débat sur le partage du revenu : chacun à leur tour, quand les circonstances jouent en leur faveur, les deux partenaires rétablissent la part qu'ils estiment équitable grâce à des hausses de salaires (pour les travailleurs) ou à des augmentations de prix (pour les entreprises). Les conflits s'en trouvent atténués mais l'inflation, elle, est accélérée. Dans ce processus, l'État peut jouer un rôle important en contrôlant la création monétaire. En effet, l'inflation ne peut se développer sans création monétaire. Le gouvernement a donc, en quelque sorte, le pouvoir de *ratifier* l'inflation déclenchée par les partenaires sociaux, en créant les moyens de paiement nécessaires à son développement. S'il s'oppose à l'inflation en freinant la création monétaire, les entreprises vont être confrontées à des problèmes de trésorerie en raison de la raréfaction et du renchérissement du crédit ; elles ne pourront plus répondre aux revendications salariales aussi aisément qu'en l'absence de restrictions monétaires, et elles seront contraintes de résister à la hausse des salaires. En freinant l'inflation, le gouvernement contraint les partenaires sociaux à une vraie négociation sur *les salaires réels*.

3. LE CHÔMAGE

Nous commencerons par présenter les éléments reconnus par les diverses écoles de pensée, afin de mettre clairement en évidence un certain nombre d'arguments admissibles autant par les libéraux que par les partisans des interventions de l'État. Nous exposerons ensuite les éléments de divergence entre les deux grandes interprétations théoriques du chômage – classique et keynésienne.

A. Les principales sources du chômage

On peut distinguer trois groupes de facteurs déterminant les entrées au chômage : la mobilité volontaire des travailleurs, le niveau d'activité (conjoncture) et les structures économiques et sociales.

a) Le chômage de mobilité

Les travailleurs employés ne sont pas immobilisés en permanence dans un emploi donné. A tout moment, des individus quittent un emploi pour changer de patron, de conditions de travail, de région, de salaire, de poste, etc. A la mobilité entre les différents emplois s'ajoute la mobilité entre l'inactivité et l'activité. Des salariés peuvent quitter le marché du travail pour se consacrer à des activités domestiques (en particulier les femmes, à l'occasion des naissances et de l'éducation des jeunes enfants) et entrer à nouveau sur le marché du travail après des périodes d'inactivité.

Plus la mobilité des travailleurs est forte, plus ces derniers passent souvent par le marché du travail à la recherche d'un nouvel emploi, et plus les entrées au chômage sont élevées. Mais le chômage de mobilité est compatible avec le plein emploi. En effet, même s'il existe à tout moment un poste disponible pour chaque individu à la recherche d'un emploi, il ne serait pas rationnel pour les individus concernés d'accepter le premier emploi venu. L'individu a intérêt à consacrer un certain temps à la recherche d'information sur les emplois disponibles, de façon à trouver le meilleur salaire, les meilleures conditions de travail, etc. Ce temps de recherche implique une période de chômage. Mais il s'agit là d'un chômage volontaire qui améliore la situation finale de l'individu et celle de l'économie nationale : il élève la productivité en orientant les travailleurs vers les emplois pour lesquels ils sont les plus motivés. Ainsi, même en situation de plein emploi, il existe un chômage de mobilité *incompressible,* qui contribue à une utilisation optimale du facteur travail ; les économistes l'appellent parfois le *chômage frictionnel.* Le chômage de mobilité volontaire peut se trouver gonflé par certains phénomènes. Ainsi, le *baby boom* de l'après-guerre a mécaniquement provoqué un flux d'entrées croissant de jeunes sur le marché du travail entre la fin des années 1960 et le milieu des années 1980. La participation accrue des femmes au marché du travail a joué un rôle identique entre le milieu des années 1960 et le début des années 1970.

b) Le chômage conjoncturel

Le chômage conjoncturel est associé aux fluctuations du niveau d'activité économique : il est faible en période de forte activité, il augmente au fur et à mesure que l'activité ralentit. Le niveau du produit intérieur détermine en effet les besoins en main-d'œuvre à un moment donné. Tout ralentissement de la production réduit les besoins de l'économie en main-d'œuvre : aux taux de salaire courants payés dans les entreprises, ces dernières demandent moins de travail. Le recul de la demande de travail se traduit par des réductions de la durée du travail, des licenciements, des non-reconductions de contrats de travail à durée déterminée, et, en conséquence, par une augmentation du chômage.

Jusqu'au milieu des années 1960, le chômage dans les pays industrialisés était pour l'essentiel constitué d'un chômage frictionnel relativement stable et d'un chômage conjoncturel fluctuant en sens inverse du taux de croissance du PIB. En revanche, durant les années 1970 et 1980, l'Europe de l'Ouest s'est distinguée par un chômage massif et évoluant de façon beaucoup plus indépendante des fluctuations du taux de croissance. Le relâchement du lien entre chômage et croissance économique traduit la montée des facteurs structurels du chômage.

c) Le chômage structurel

La structure de la production nationale évolue. Durant les périodes de mutation industrielle, certains secteurs déclinent rapidement au profit de nouveaux secteurs en développement. Ces mutations peuvent provenir d'innovations technologiques qui rendent obsolètes certains produits (des fibres textiles synthétiques remplacent les fibres naturelles, des plastiques remplacent les métaux, le pétrole remplace le charbon, les transports aériens se substituent aux transports maritimes, etc.). Cela peut aussi résulter de l'apparition de nouveaux concurrents limitant sérieusement les débouchés d'un pays (par exemple, dans les années 1970, entrée des nouveaux pays industriels d'Asie du Sud-Est sur des marchés autrefois réservés aux « vieux » pays industriels : électronique, automobile, machines-outils, etc.). Quelles qu'en soient les causes, la transformation des structures de la production entraîne inévitablement des entrées au chômage : dans les secteurs en déclin, des entreprises cessent leur activité ou réduisent sensiblement leur volume de production, et l'emploi régresse. Or, les chômeurs issus des secteurs sinistrés disposent souvent de qualifications inadaptées aux besoins des nouveaux secteurs en expansion où se créent des emplois. Si ces chômeurs sont relativement âgés, les employeurs potentiels ne seront pas disposés à assurer leur formation, faute de pouvoir ensuite rentabiliser cet investissement sur une durée d'activité suffisante. Par ailleurs, la formation des jeunes issus du système scolaire peut être inadéquate par rapport aux besoins d'une économie qui connaît d'importantes mutations technologiques. La structure de la population active peut, ainsi, être inadaptée à la structure de la production.

La *substitution du capital au travail* peut aussi constituer une source de chômage structurel. Le coût du travail s'est considérablement élevé depuis la Seconde Guerre mondiale en raison de la progression rapide des salaires et de la montée des charges sociales. Dans le même temps, la plupart des pays industriels ont abaissé le coût du capital en pratiquant des déductions fiscales ou des taux d'intérêt réduits pour le financement des investissements. En conséquence, jusqu'au début des années 1970, les entreprises ont été incitées à mettre en place des méthodes de production économisant le facteur travail et utilisant de façon plus intensive le capital. En Europe, cette incitation a persisté jusqu'à la fin des années 1970 (et jusqu'en 1983 en France) : en dépit d'un chômage croissant, le coût réel du travail a continué à progresser rapidement. Plus la substitution du capital au travail est importante et moins la croissance économique crée d'emplois. Une telle réduction des besoins de l'économie en main-d'œuvre dans des périodes d'afflux massif des demandeurs d'emplois sur le marché du travail, contribue à alimenter un déséquilibre durable entre l'offre et la demande de travail.

B. Les interprétations théoriques du chômage

Quelle que soit la cause des entrées au chômage, la question est de savoir pourquoi les individus restent au chômage. Si le chômage n'est qu'un bref passage sur le marché du travail entre deux emplois, il ne pose aucun problème particulier et est compatible avec le plein emploi. Le vrai problème du chômage est celui de sa *durée*. Pourquoi, dans certaines circonstances, le marché du travail ne parvient-il pas à réorienter rapidement les travailleurs vers un nouvel emploi ?

Des années 1920 aux années 1970, le débat sur cette question a été dominé par l'opposition traditionnelle entre une vision libérale inspirée des économistes classiques et une vision interventionniste inspirée des thèses keynésiennes.

a) L'opposition traditionnelle : classiques et keynésiens

• ***La vision libérale : le chômage classique***

Pour les économistes libéraux, le marché du travail doit fondamentalement être régi par la loi de l'offre et de la demande. Comme nous l'avons expliqué au chapitre 2, l'offre de travail par les individus est une fonction croissante du salaire réel, tandis que la demande de travail par les entreprises est une fonction décroissante du salaire réel. La libre confrontation des offres et des demandes pour chaque type de travail détermine un salaire d'équilibre : celui pour lequel l'offre est égale à la demande. Si le marché du travail est parfaitement concurrentiel et libre de toute entrave réglementaire, la libre négociation des salaires implique que les salaires s'adaptent tant que l'équilibre entre l'offre et la demande n'est pas établi. Dans ces conditions, une économie confrontée à une réduction du niveau d'activité ne devrait pas connaître de chômage durable. En effet, la réduction du volume d'activité des entreprises les conduit à réduire leur demande de travail : aux taux de salaire anciens, les employeurs sont désormais disposés à utiliser moins d'individus sur le marché du travail. La réduction de la demande de travail entraîne une baisse des salaires jusqu'à ce que l'équilibre soit rétabli. La concurrence entre les travailleurs pour occuper les emplois disponibles les contraint en effet à accepter des baisses de salaires. Si les salaires sont parfaitement flexibles, l'ajustement se poursuit jusqu'à l'équilibre entre l'offre et la demande de travail. En conséquence, une fois l'équilibre rétabli, il n'y a pas de chômeurs : au nouveau taux de salaire payé dans les entreprises, tous les individus souhaitant travailler ont un emploi ; si tel n'était pas le cas, s'il restait des individus sans emploi et souhaitant travailler au taux de salaire existant, la concurrence exercée par ces chômeurs pour obtenir les emplois ferait à nouveau baisser les salaires jusqu'à l'équilibre entre l'offre et la demande de travail.

Comment peut-on alors expliquer l'existence d'un chômage durable ? Le chômage ne peut persister que parce qu'il existe des institutions ou des réglementations qui empêchent la libre négociation des salaires. Le développement du pouvoir syndical, les législations sur le salaire minimum, les conventions collectives, le droit du travail en général, limitent les possibilités d'ajustement instantané des salaires. C'est donc la rigidité des salaires qui est principalement responsable du chômage. Ne pouvant librement négocier les salaires, les entreprises privilégient les ajustements de l'emploi pour s'adapter aux récessions. Les jeunes chômeurs sans qualification ne peuvent trouver d'emploi parce que la loi contraint les entreprises à leur payer un salaire minimum trop supérieur à leur productivité. Les chômeurs issus des secteurs en déclin et dont les qualifications ne sont plus adaptées aux nouveaux besoins de l'économie risquent de rester au chômage tant qu'ils demandent un salaire équivalent à leur ancien salaire.

• ***La vision interventionniste : le chômage keynésien***

On peut contester la vision libérale sur deux points : d'une part, la rigidité des salaires peut être rationnelle pour les entreprises elles-mêmes, d'autre part, la baisse des salaires ne suffit pas à résorber le chômage.

En premier lieu, la rigidité des salaires ne reflète pas uniquement des réglementations et des institutions qu'il suffirait de supprimer pour rétablir la flexibilité salariale. Nous avons étudié au chapitre 2 les analyses de la demande de travail, qui montrent comment les employeurs eux-mêmes ont intérêt à rendre les salaires assez largement indépendants des fluctuations de la conjoncture. Les travailleurs sont souvent disposés à accepter un salaire moyen plus faible si, en contrepartie, il reste stable quelle que soit la conjoncture. La rigidité des rémunérations constitue alors pour les employeurs un moyen d'abaisser le coût du travail et d'améliorer les profits *(théorie des contrats implicites)*. Par ailleurs, les investissements des entreprises dans la formation de leurs travailleurs sont souvent importants. En période de récession, les employeurs évitent autant qu'ils le peuvent de remettre en cause les contrats de travail de leurs salariés expérimentés, afin d'éviter des départs qui entraîneraient la perte des investissements passés de l'entreprise en capital humain *(théorie du capital humain)*. Enfin, les entreprises peuvent renoncer à pratiquer des baisses de salaires si elles estiment que ces dernières risquent de démotiver les travailleurs et de provoquer un recul important de la productivité *(théorie du salaire d'efficience)*. En somme, la rigidité des salaires à la baisse peut très bien refléter le choix rationnel des employeurs et non des blocages institutionnels laissés à la discrétion des pouvoirs publics.

Par ailleurs, même si elle se produisait, la baisse des salaires ne permettrait pas de résorber le chômage. En effet, une baisse des salaires n'a pas qu'un effet stimulant sur la demande de travail ; elle exerce aussi un effet négatif sur la demande globale. Par conséquent, si les entreprises réagissaient à un recul de la demande et de la production par une baisse généralisée des salaires, il s'ensuivrait un ralentissement sensible des dépenses de consommation. Cela contraindrait les entreprises du secteur des biens de consommation à réduire plus encore leur production et leur demande de travail, aggravant ainsi la récession et le chômage ; de nouvelles baisses de salaires seraient alors nécessaires pour rétablir l'équilibre sur le marché du travail. Dans les années 1980, où le thème de la modération salariale était particulièrement en vogue, de nombreuses études ont établi que dans la plupart des pays industrialisés, une baisse généralisée des salaires entraînait d'abord un recul de l'emploi et une aggravation du chômage, et qu'il fallait attendre longtemps, le plus souvent plusieurs années, pour que les effets positifs sur l'emploi commencent à se manifester.

Puisque le coût du travail n'est pas le principal responsable du chômage et que, de toute façon, on ne peut compter sur la flexibilité des salaires pour rétablir le plein emploi, les keynésiens considèrent que la clef du problème réside dans le niveau de la demande globale. Pour un coût du travail donné, les entreprises accepteraient d'embaucher davantage si leurs débouchés étaient plus importants. La solution au chômage conjoncturel réside dans une demande globale plus forte. Dans la mesure où il n'y a aucune raison pour que la demande se réveille d'elle-même pour sortir rapidement d'une situation de récession [cf. **1. A.** ***b)*** ci-dessus], il incombe à l'État d'intervenir pour *relancer* la demande à l'aide de divers instruments : augmentation des prestations sociales et des investissements publics, allégements d'impôts, baisse des taux d'intérêt en vue de faciliter le crédit, etc.

b) L'interprétation moderne du chômage

Dans l'analyse économique moderne, les différentes interprétations du chômage ne sont pas considérées comme des explications uniques et antinomiques. Au contraire, on admet l'existence *simultanée* des quatre types de chômage évoqués ci-dessus :

– le *chômage frictionnel*, correspondant au délai minimum de recherche d'information sur le marché du travail et existant alors même que l'économie est en mesure d'utiliser pleinement tout le travail disponible. Il s'agit d'un chômage de plein emploi qui correspond à un fonctionnement optimal du marché du travail et qu'il ne faut donc pas chercher à éliminer ;

– le *chômage classique*, lié à un coût du travail trop élevé pour certaines catégories de travailleurs ;

– le *chômage keynésien*, lié à une insuffisance de la demande globale ;

– le *chômage structurel*, principalement associé à l'inadaptation de la formation des individus aux besoins des entreprises.

Dans la mesure où les causes sont multiples, seule une combinaison de différentes politiques économiques paraît adaptée à la lutte contre le chômage. L'erreur des années 1970 a souvent été de n'utiliser que la relance de la demande pour lutter contre un chômage dont une part croissante était associée au coût du travail ou à des phénomènes structurels indépendants du niveau d'activité. L'erreur des années 1980 (en Europe) a sans doute été de renoncer presque totalement aux politiques de soutien de la demande, au profit des stratégies de désinflation salariale. L'analyse, confirmée par l'expérience américaine des années 1980, indique qu'il convient d'user en même temps de ces deux types de stratégies : une certaine modération salariale stimule l'emploi (en particulier celui des jeunes et des travailleurs peu qualifiés) ; pour compenser l'effet pervers de la modération salariale sur la demande globale, la politique budgétaire peut stimuler la demande en augmentant les dépenses publiques. La combinaison d'un coût du travail plus faible et d'une demande plus forte devrait limiter *à la fois* le chômage classique et le chômage keynésien. En parallèle, une politique de formation professionnelle et d'adaptation du système éducatif peut s'attaquer au problème du chômage structurel, même si, par nature, ce type de politique n'a d'effet que dans le long terme.

En Europe toutefois, la mise en œuvre de la stratégie mixte évoquée ci-dessus se heurte à un obstacle majeur : comme nous le verrons ci-dessous, toute relance de la demande dans un pays isolé se traduit rapidement par un déficit important de ses échanges extérieurs, qui le contraint à freiner sa demande intérieure. Seule une relance coordonnée de la demande dans tous les pays européens évite l'apparition de ce déficit : un pays donné importe davantage, mais exporte aussi davantage vers les autres pays, qui stimulent en même temps leur demande.

4. LE PROBLÈME DE L'ÉQUILIBRE EXTÉRIEUR

Le concept d'équilibre extérieur recouvre l'équilibre de la balance des paiements et celui du marché des changes, qui constituent donc les deux aspects d'un même problème.

Les agents résidents en France achètent des biens et services, versent des revenus (salaires, intérêts, dividendes), envoient des capitaux à l'étranger (investissements directs, prêts, placements financiers). Les résidents effectuent donc des versements en devises ou bien en francs qui sont ensuite convertis par les non-résidents dans leur propre monnaie. D'une manière ou d'une autre, toutes les opérations décrites ci-dessus se traduisent donc, sur le marché des changes, par une demande de devises contre francs (ou, ce qui revient au même, une offre de francs contre devises).

En sens inverse, les agents résidents en France exportent des biens et services, reçoivent des revenus et des capitaux (notamment des capitaux empruntés) en provenance de l'étranger. Les étrangers doivent donc convertir leurs devises en francs pour effectuer des règlements en francs, ou bien verser des devises aux résidents français qui en demandent ensuite la conversion en francs. D'une manière ou d'une autre, ces opérations se traduisent donc, sur le marché des changes, par une offre de devises contre francs (ou, ce qui revient au même, une demande de francs contre devises).

Si l'ensemble des paiements extérieurs (la balance globale des paiements) est équilibré, l'offre et la demande de francs sur le marché des changes sont également équilibrées et il n'existe aucune pression à la hausse ou à la baisse du taux de change (le prix international du franc). La stabilité du taux de change et l'équilibre de la balance des paiements constituent donc deux facettes d'un même équilibre.

A. La contrainte extérieure

Au double aspect de l'équilibre extérieur correspond une double contrainte, financière et de taux de change.

La *contrainte financière* tient à la nécessité de dégager les ressources en devises indispensables pour assurer les paiements au profit du reste du monde.

La *contrainte de taux de change* tient à la nécessité de garantir une certaine stabilité du taux de change. Jusqu'en 1973, la plupart des pays ont adhéré à un régime de taux de change fixes, c'est-à-dire dans lequel chaque gouvernement s'engage à maintenir les fluctuations de son taux de change à l'intérieur de marges de fluctuation relativement étroites. A partir de 1973, les taux de change par rapport au dollar ont, en théorie, fluctué librement. En théorie, car dans la pratique, tous les gouvernements ont continué à intervenir sur le marché des changes pour stabiliser leur taux de change. En outre, la plupart des pays de la Communauté européenne ont progressivement mis en place un Système monétaire européen (institutionnalisé en 1979) rétablissant entre eux un régime de changes stables par rapport à un étalon européen, l'écu. A la suite des accords de Maastricht (1992), la mise en place (au 1er janvier 1999) d'une monnaie unique en Europe revient à instaurer un taux de change absolument fixe (sans marges de fluctuation) entre les monnaies nationales. Ainsi, quel que soit le pays étudié – mais à plus forte raison si l'on considère la France ou un autre pays européen –, on peut considérer la stabilité du taux de change comme une véritable contrainte.

a) La contrainte à court et moyen terme

Pour la commodité de l'exposé, nous raisonnerons du point de vue de la France ; mais le raisonnement tenu est applicable à n'importe quel pays, européen ou non, qui souhaite maintenir une certaine stabilité de son taux de change. Un excédent de la balance des paiements globale de la France implique une entrée nette de devises dans le pays. Les agents résidents détenteurs de ces devises en demandent la conversion en francs. Sur le marché des changes, cela se traduit par une augmentation de la demande de francs contre d'autres devises, ce qui entraîne une appréciation du taux de change du franc. Le gouvernement, pour respecter ses engagements internationaux, doit intervenir sur le marché des changes pour éviter une trop forte appréciation du franc. Concrètement, la banque centrale vend des francs contre des devises ; en augmentant l'offre de francs, elle contrarie la tendance à l'appréciation du franc ; mais, en convertissant en francs les devises offertes sur le marché, elle augmente la masse monétaire en circulation (en France), ce qui, on l'a vu, est une source potentielle d'inflation. Un excédent durable de la balance des paiements peut donc contrarier la stabilité des prix.

La contrainte est encore plus forte dans le cas d'un déficit de la balance des paiements globale. En effet, le déficit implique une sortie nette de devises vers l'étranger : la France effectue davantage de paiements à l'étranger qu'elle n'en reçoit. Sur le marché des changes, cela se traduit par une forte demande de devises contre francs ; les devises tendent à s'apprécier et le franc à se déprécier. Pour éviter une trop forte dépréciation du taux de change, la banque centrale intervient pour acheter des francs contre des devises. Mais cela suppose que la banque centrale dispose de réserves de change suffisantes. Or, ces dernières ne sont pas inépuisables. Les réserves de change accumulées durant les années d'excédent peuvent servir à intervenir durant les années de déficit, mais la banque centrale ne peut pas supporter un déficit permanent de la balance des paiements.

Nous avons vu que la balance des paiements globale comprend la balance des transactions courantes et la balance des capitaux. A court et moyen terme, il n'est pas nécessaire que ces deux balances intermédiaires soient équilibrées. En effet, l'équilibre de la balance globale peut être préservé si le solde des deux balances intermédiaires se compense. Ainsi, un déficit de la balance des transactions courantes peut être compensé par un excédent de la balance des capitaux. Tel est le cas, par exemple, si un déficit de la balance commerciale est financé par des emprunts de capitaux à l'étranger entraînant un excédent de la balance des capitaux.

A court terme, un pays peut essayer de détendre une partie de la contrainte extérieure en renonçant à la stabilité du taux de change. En particulier, un pays déficitaire, au lieu d'épuiser ses réserves de change pour défendre un taux de change tendant à se déprécier, peut renoncer à le stabiliser. S'il n'est lié par aucun accord international et se trouve en régime de changes flexibles, il laisse son taux de change se déprécier librement sur le marché des changes. S'il se trouve en régime de changes fixes, il *dévalue* son taux de change, c'est-à-dire qu'il diminue la valeur officielle de la monnaie nationale mais s'engage à défendre ce nouveau taux de change dévalué. Dépréciation libre ou dévaluation officielle permettent de relâcher *momentanément* la contrainte de stabilisation du taux de change. Mais nous verrons plus loin (**B.** ci-dessous) que les variations du taux de change peuvent, en fin de compte, aggraver un déséquilibre de la balance des paiements et renforcer ainsi la contrainte extérieure au lieu de la desserrer.

b) La contrainte à long terme

A long terme, la contrainte extérieure est encore plus stricte. L'équilibre de la balance globale n'est plus suffisant : il convient en outre d'atteindre l'équilibre des transactions courantes. En effet, le financement d'un déficit des transactions courantes par des emprunts de capitaux ne fait que déplacer le problème dans le temps. Les capitaux empruntés devront être remboursés, et avant cela, chaque année, ils entraînent des paiements d'intérêts à l'étranger qui aggravent le déficit des transactions courantes. Toute entrée de capitaux empruntés se traduit ensuite par des sorties de capitaux au moins équivalentes, qui devront à leur tour être financées. Une situation saine suppose que le pays dégage à terme un excédent de la balance des transactions courantes qui lui procure les devises nécessaires au paiement des intérêts et au remboursement des capitaux empruntés pour financer les années de déficit. A long terme, donc, des excédents doivent compenser les déficits des transactions courantes ; les emprunts de capitaux ne sont qu'un moyen d'étaler dans le temps ce nécessaire ajustement.

Bien entendu, en théorie, un pays peut toujours assurer le remboursement des capitaux empruntés en contractant de nouveaux emprunts à l'étranger. Mais cela ne fait que reporter le problème, en l'aggravant puisque la charge annuelle des intérêts à verser à l'étranger s'en trouve accrue. Cette fuite en avant ne peut durer indéfiniment. Le pays risque de tomber dans le piège de la dette qui s'est refermé sur bien des pays en développement durant les années 1980 : la totalité des nouveaux emprunts ne sert plus à acheter des biens et services à l'étranger mais à rembourser des emprunts passés. A ce stade, un pays bute inéluctablement sur une contrainte de solvabilité : dans la mesure où il n'apparaît plus capable de générer, par son activité et ses échanges, un flux de revenu suffisant pour rembourser ses dettes, il perd la confiance des banques internationales ; et il suffit que ces dernières refusent de lui accorder de nouveaux crédits pour que le pays se trouve en cessation de paiement. Aucun grand pays industriel soucieux de préserver sa crédibilité internationale ne peut risquer de tomber dans un tel piège. A long terme donc, les années de déficit des transactions courantes doivent être compensées par des années d'excédent.

B. Les facteurs déterminant l'équilibre extérieur

• ***Les écarts de croissance***

Si la France connaît un taux de croissance durablement supérieur à celui de ses principaux partenaires commerciaux, la demande intérieure de biens de consommation et d'équipement se développe plus rapidement que la demande étrangère. En conséquence, les importations progressent plus vite que les exportations et la balance commerciale tend vers le déficit. Inversement, un rythme d'activité plus soutenu à l'étranger qu'en France favorise un excédent de la balance commerciale française.

• ***Les écarts d'inflation***

Si le taux d'inflation est sensiblement plus élevé en France que chez ses partenaires commerciaux, les prix des produits français sont de moins en moins compétitifs sur le marché international. Les étrangers et les Français sont incités à se détourner des produits français, jugés relativement chers, au profit des produits étrangers. Les importations sont donc stimulées et les exportations pénalisées ; la balance commerciale tend vers le déficit. Inversement, une inflation plus faible en France qu'à l'étranger améliore la compétitivité-prix des produits français et contribue à un excédent de la balance commerciale française.

• ***Les écarts de taux d'intérêt***

Si la France offre des taux d'intérêt plus rémunérateurs que ceux offerts sur les places financières étrangères, les capitaux étrangers sont attirés vers la France. Les entrées de capitaux contribuent à un excédent de la balance des capitaux et se traduisent par une forte demande internationale pour le franc, et donc par une appréciation du taux de change. Inversement, des taux d'intérêt moins élevés qu'à l'étranger encouragent des sorties de capitaux, un déficit de la balance des capitaux et une dépréciation du franc.

• ***La spéculation***

Sur le marché des changes, les agents qui s'attendent à une dépréciation du franc par rapport au dollar vont vendre des francs contre des dollars. Ils espèrent ainsi acheter des dollars à bas prix pour les revendre plus tard au prix fort et réaliser une plus-value. Inversement, les spéculateurs qui s'attendent à une appréciation du franc par rapport au dollar vendent des dollars contre des francs. En conséquence, la spéculation constitue l'un des facteurs déterminants des mouvements de capitaux à court terme qui sont à la recherche permanente des placements les plus rentables. En agissant sur les mouvements de capitaux, la spéculation détermine donc en partie l'équilibre de la balance des paiements et le niveau des taux de change.

La spéculation repose avant tout sur la façon dont les agents anticipent l'évolution des taux de change. Il suffit que les agents s'attendent à une dépréciation de la monnaie pour que leurs ventes massives de cette monnaie provoquent la dépréciation. Ces phénomènes d'anticipations autoréalisatrices se trouvent amplifiés par les comportements de mimétisme qui caractérisent un marché où chaque intervenant sait à chaque instant, en consultant ses écrans, dans quel sens les autres agents orientent leurs opérations. Il s'ensuit que les taux de change peuvent varier différemment et plus fortement qu'il ne serait justifié au seul vu des facteurs fondamentaux déterminant l'équilibre des paiements extérieurs (inflation, croissance, taux d'intérêt) [phénomène dit de « bulle spéculative »].

• ***Les effets du taux de change et la politique de change***

En l'absence d'intervention des pouvoirs publics sur le marché des changes, le taux de change d'un pays est totalement déterminé par le solde de la balance des paiements globale, et donc par l'ensemble des facteurs présentés ci-dessus. Concrètement, étant donné l'ampleur et la rapidité des mouvements de capitaux à court terme dans l'économie contemporaine, ce sont les variations des taux d'intérêt et les anticipations des spéculateurs qui déterminent l'évolution des taux de change au jour le jour.

Dans le même temps, les variations du taux de change rétroagissent sur le solde de la balance des paiements. En effet, le taux de change peut agir sur la balance commerciale. Par exemple, une dépréciation du franc abaisse les prix des produits français exprimés en devises étrangères et élève les prix des produits étrangers exprimés en francs ; en conséquence, elle peut stimuler les exportations et freiner les importations, améliorant ainsi le solde de la balance commerciale. En revanche, une appréciation du franc réduit la compétitivité-prix des produits français et peut détériorer la balance commerciale.

On pourrait donc utiliser la dévaluation pour résorber un déficit commercial, et la réévaluation pour résorber un excédent. Cependant, la dévaluation peut entamer la confiance dans la monnaie dévaluée et favoriser un déficit de la balance des capitaux, et la réévaluation, un excédent de la balance des capitaux. En outre, les effets favorables du taux de change sur le rééquilibrage de la balance commerciale supposent que la demande intérieure et la demande étrangère soient fortement élastiques aux prix. Or, l'expérience montre que dans la plupart des économies modernes, les élasticités-prix sont trop faibles à court terme : les agents économiques ne remettent pas en cause immédiatement leurs habitudes d'achat à chaque variation des prix relatifs des produits nationaux par rapport aux produits étrangers. Ainsi, on constate qu'à la suite d'une dévaluation, un pays continue à importer à peu près les mêmes quantités de biens et services qui lui coûtent pourtant plus cher. Symétriquement, il vend à peu près les mêmes quantités à l'étranger, mais à des prix plus faibles. La valeur des importations augmente donc, tandis que celle des exportations diminue, si bien que le résultat immédiat de la dévaluation est de provoquer ou d'accentuer le déficit commercial. En sens inverse, on peut constater que l'effet immédiat d'une réévaluation est de provoquer ou de renforcer un excédent commercial.

Au total, la manipulation des taux de change n'apparaît plus comme un instrument d'action déterminant des pouvoirs publics. Dans le cas de la France et des pays adhérents du Système monétaire européen, le taux de change n'est de toute façon plus un instrument laissé à la discrétion des autorités nationales. Seule subsiste une contrainte de stabilité du taux de change. Or, l'examen des différents facteurs présentés ci-dessus montre que la stabilité du taux de change entre plusieurs pays partenaires suppose, à court terme, une forte convergence des taux d'intérêt, et, à moyen et long terme, une convergence des taux de croissance et des taux d'inflation. C'est dire tout simplement que la stabilité des taux de change – et *a fortiori* la fixité des taux de change entre un ensemble de pays – suppose une forte convergence des politiques économiques et, à terme, la disparition des politiques nationales autonomes au profit de politiques communautaires.

Table

Du même auteur

AUX MÊMES ÉDITIONS

Introduction à la politique économique
« Points Économie » n° 35, 1993
3ᵉ éd. mise à jour, 1999

Chiffres clés de l'économie française
« Points Économie » n° 36, 1993

Chiffres clés de l'économie mondiale
« Points Économie » n° 37, 1993

Les Politiques économiques
« Mémo » n° 6, 1996

Chroniques d'un autre monde
2003

Les Vraies Lois de l'économie
(édition intégrale)
2005
et « Points Économie » n° 60, 2008

Manuel critique du parfait Européen
Les bonnes raisons de dire « non » à la Constitution
2005

Sens et conséquences du « non » français
2005

La Dissociété
2006
et « Points Essais » n° 592, 2008

Pourquoi la droite est dangereuse
2007

Le Socialisme néomoderne ou l'avenir de la liberté
2009
repris sous le titre
L'Autre Société
À la recherche du progrès humain 2
Points Essais » n° 653, 2011

La Grande Régression
À la recherche du progrès humain 3
2010
et « Points Essais » n° 668, 2011

Nous, on peut !
Pourquoi et comment un pays peut
toujours faire ce qu'il veut face aux marchés,
face aux banques, face aux crises, face à la BCE,
face au FMI…
(préface de Jean-Luc Mélenchon)
2011
et « Points » n° P2871, éd. mise à jour, 2012

AUX ÉDITIONS HACHETTE

Économie politique
1. Introduction à l'analyse économique
« Les Fondamentaux », 1990
5e éd., 2008

Économie politique
2. Microéconomie
« Les Fondamentaux », 1990
5e éd., 2008

Économie politique
3. Macroéconomie
« Les Fondamentaux », 1990
5e éd., 2008

CHEZ D'AUTRES ÉDITEURS

Droite, Gauche, Droite…
Plon, 1995

L'Économie politique
Analyse économique des choix publics et de la vie politique
Larousse, « Textes essentiels », 1996

Une raison d'espérer
L'horreur n'est pas économique, elle est politique
Plon, 1997
2e éd., Pocket, « Agora », 2000

Quel renouveau socialiste ?
Entretien avec Philippe Petit
Textuel, 2003

RÉALISATION : CURSIVES À PARIS
IMPRESSION : NORMANDIE ROTO IMPRESSION S.A.S. À LONRAI
DÉPÔT LÉGAL : AOÛT 2014. N° 116824-4 (1602119) (FRANCE)
IMPRIMÉ EN FRANCE